AF444238

Le Passeport Bénévole ®

Vecteur de valorisation des compétences des bénévoles

Dominique THIERRY

2ᵉ édition enrichie 2020

CIP a Camerei Naţionale a Cărţii

THIERRY, Dominique.

Le Passeport Bénévole : Vecteur de valorisation des compétences des bénévoles / Dominique Thierry. – 2ᵉ édition enrichie. – Chişinău : Generis Publishing (Online Marketing Group), 2020 (Print on demand). – 69 p. : fot. color, tab.
ISBN 978-9975-154-23-9.
364.46 T 56

Cover image: www.unsplash.com/photos/lyiKExA4zQA

Generis Publishing
Online orders: www.generis-publishing.com
Orders by email: info@generis-publishing.com

Du même auteur

« *L'emploi dans la stratégie économique de l'entreprise* » (FNEGE/ Développement et Emploi, 1984)

« *Gestion de l'emploi et développement des Ressources Humaines : contraintes et opportunités pour l'entreprise* » (Actes du colloque IEP Paris/ANDCP/Développement & Emploi, octobre 1985)

« *La durée du travail dans l'entreprise* » (FNEGE/Développement et Emploi,1984)

« *L'entreprise et son environnement local* » (FNEGE/Développement et Emploi, 1987)

« *La gestion prévisionnelle et préventive des emplois et des compétences* » (L'Harmattan, 1ère édition, 1989, 2nde édition complétée avec C. Sauret, 1993)

« *Le guide de l'action économique locale* » (Syros, 2nde édition avec X. Berton et F. Bellali pour le compte de la Datar, 1991)

« *Restructurations et reconversions : concepts et méthodes* » (L'Harmattan,1994)

« *L'entreprise face à la Question de l'Emploi* » (L'Harmattan, 1996

« *A la recherche du temps convenu* » (avec C. Perrien). (Editions d'Organisation, 1997)

« *20, 40, 60 ans…dessinons le travail de demain* » (direction) (Eyrolles, 2001)

« *Emploi, les réponses locales* » (direction avec P.O. Archer) (Editions d'Organisation, 2002)

« *Mieux vivre les restructurations : anticiper et coopérer* » (direction avec J.N. Tuillier) (Editions d'Organisation, 2003)

« *L'entrée en retraite : mort sociale ou nouveau départ ?* » (Direction) (Ed. Liaisons Sociales, 2006)

« *Générations placard, générations espoir : jeunes, seniors, même combat* » (avec Hervé Sérieyx) (Maxima, 2013)

« *Les bénévoles et l'association* » (Territorial, 3ème édition, 2017)

« *Passeport Bénévole* » (France Bénévolat, 20171° édition)

« *Les jeunes, les mal aimés de la République !* » (L'Harmattan, 2019)

« *La solidarité intergénérationnelle sur le terrain. Pourquoi ? Avec qui ? Comment ?* » (L'Harmattan, 2019)

« *Ces bénévoles, constructeurs de démocratie contributive !* » (Direction) (L'Harmattan Juin 2020)

Préface de Roger Sue, Professeur Emérite des Universités, Université Paris-Descartes

« Passeport sans frontières !»

Qu'est-ce que le Passeport Bénévole ® ? Un outil certes, une reconnaissance certainement, une consécration plus encore. Dominique Thierry, co-fondateur et président d'honneur de France Bénévolat, est idéalement placé pour en tirer tous les fils, ayant aussi participé à sa genèse, acteur majeur d'une co-construction réussie entre associations et organismes publics. Ce succès est un peu le sien. Mais il s'agit maintenant de transformer l'essai et d'en faire une œuvre collective à l'usage de tous. Car ce « passeport sans frontières » ne s'adresse pas seulement à ceux qui s'engagent, mais aussi à tous ceux qui pourront ainsi mieux mesurer la valeur et la richesse de cet engagement bénévole, autrement que par des discours convenus. Le livre de Dominique Thierry contribuera certainement à cette diffusion par sa clarté et sa concision qui sont un peu les marques de fabrique de l'auteur.

Comment le décrire ? Un guide ? Un vade-mecum ? Un recueil de bonnes pratiques tirées de l'accumulation des usages au sein de France Bénévolat ? Un peu de tout cela, mais aussi – et l'auteur relève brillamment le défi – un éclairage général de la raison sociale, économique ou politique qui en fonde l'utilité. Mieux la nécessité. L'ingénieur de formation rejoint ici le sociologue qui s'est révélé en grand artisan du lien social.

Le Passeport Bénévole ® signe une consécration et une objectivation de cet élan associatif qui propulse le bénévolat au "cœur" de la société. Entre 2010 et 2016, le bénévolat a progressé de près de 17% en France, rappelle Dominique Thierry en référence à l'enquête menée par France Bénévolat avec Recherches et Solidarités (Ifop-2016). Mieux encore, heureux présage d'avenir, ce sont les jeunes (15-35 ans) qui ont le plus amplifié leur participation, soit 34% de progression sur la même période. Certes, le lien social vertueux du don et du contredon, si bien décrit par Marcel Mauss, articule l'engagement bénévole et lui insuffle sa dynamique. Mais aujourd'hui la richesse de ces échanges réciproques, nourris par autant d'individualités singulières, contribue aussi formidablement au développement des "connaissances". Un nouvel ordre des savoirs émane de cette manière particulière de "faire connaissance", par le jeu des interactions multiples et des réseaux dont l'association est le premier prototype. Dominique Thierry insiste à juste titre sur le poids des mots, indice d'un glissement du sens autour de la rhétorique de la compétence, en lieu et place du diplôme et de la qualification, qui déplace le savoir de l'avoir vers l'être, du stock vers le flux continu, du savant vers le profane. A ce jeu-là, l'engagement bénévole joue les premiers rôles et justifie pleinement l'intérêt et l'importance du Passeport Bénévole ® pour en rendre compte, dans la formation de l'identité cognitive, du rapport à soi, du rapport aux autres et face aux institutions.

Ici se situe la force du propos. Loin du seul jugement de valeur, Dominique Thierry pointe les spécificités méritoires des associations dans la fabrique, le développement et la valorisation des compétences : la puissance d'innovation sociale et économique que l'association favorise et que d'autres capitalisent avec profit; le sens du collectif et le goût pour le travail en équipe, d'autant plus stimulant et cohérent qu'il part du socle des individus et ne tombe pas du haut des organisations, ce qui n'est pas sans influence sur l'actuelle vulgate du "management participatif dans les entreprises" souligne l'auteur; la gestion d'équipes bénévoles en l'absence de "bâton" (un lien de subordination) et de "carotte" (le salaire) qui est autrement plus complexe et ardue que celle du DRH dans son bureau, décidant dans sa grande sagesse du sort des uns et des autres au nom de son organisation. L'auteur, longtemps immergé dans le management d'entreprises, puis dévoué à la cause associative, parle ici en orfèvre dont voici la leçon : pas de meilleure école de "gestion" des relations humaines que l'association. Les salariés qui, par le mécénat ou le bénévolat de compétences, donnent de leur temps et de leur expertise aux associations en savent quelque chose. Ils apprennent autant qu'ils apportent. Dans le mécénat, partenariat serait plus juste, le vrai gagnant n'est pas forcément celui que l'on croit ! Sans oublier le charme et l'efficience des organisations "floues" dont font en général partie les associations. Pour Dominique Thierry, l'efficience consiste en l'art subtil de tirer parti du désordre apparent pour mieux en optimiser les ressources. A la différence des entreprises, lesquelles donnent sans doute dans l'efficacité mais au prix d'une efficience toute relative, autrement dit d'une forte déperdition… Où l'on voit ici, du point de vue de l'originalité des compétences respectives, tout l'intérêt des complémentarités entre associations et entreprises. Le passeport bénévole vaut trait d'union.

C'est particulièrement vrai pour les publics cibles que sont les jeunes, les chômeurs et précaires, mais aussi les salariés dans le cadre de la politique de Responsabilité Sociétale de l'Entreprise (RSE), qui composent autant de chapitres du livre. Les jeunes et notamment les moins qualifiés ou en échec, public sensible s'il en est, qui ont tant besoin de cette réassurance et de cette reconnaissance que leur procure l'affirmation de compétences au service des autres qu'ils ignoraient posséder. Ceux qui sont éloignés de l'emploi et trouvent dans l'engagement bénévole le cadre d'une réinsertion par l'utilité sociale, par un retour sur leurs compétences oubliées et l'aide et la bienveillance d'un collectif désintéressé. Sans compter les contacts et les réseaux qui s'y déploient pour les inciter à formuler un projet de vie ou un projet professionnel, grâce au passeport bénévole qui ouvre grand la porte d'une VAE (Validation des Acquis de l'Expérience, 2002) trop souvent perçue comme inaccessible. Pour les salariés aussi, dans le cadre du rapprochement avec les associations, plus souvent encouragés à s'engager dans des associations dont les entreprises mesurent de mieux en mieux les bénéfices, rappelant les grands gourous du management qui recommandaient de traiter les salariés comme des "associés". Partout s'imprime et se diffuse ce modèle de l'association qui démontre que philanthropie et performance ne composent pas une alliance contre nature, mais une chance dans une société de la connaissance.

Enfin, on ne peut qu'être attentif aux guides méthodologiques proposés par l'auteur, au titre des expérimentations de France Bénévolat qui ponctuent chacun des chapitres. Lesquels démontrent, page à page, que le portrait esquissé du « Passeport Bénévole » ® n'est ni volé, ni trop beau, simplement ignoré ou négligé. Le livre de Dominique Thierry, par la variété des publics auxquels il s'adresse, vient combler un manque au moment où l'engagement bénévole doit, non seulement être encouragé, valorisé, reconnu, mais peut être aussi objectivé, validé et certifié. Le Passeport Bénévole ® en est l'outil majeur : "pas trop simple ni trop compliqué" selon les mots de Dominique Thierry. A l'image du livre en somme.

Introduction

Le Passeport Bénévole® a été officiellement présenté et proposé aux associations françaises en 2007. Son élaboration, puis sa mise en œuvre, sont liées à un contexte spécifiquement français et à une volonté politique de France Bénévolat de valoriser davantage les personnes engagées dans des Projets Associatifs :

- une loi a été votée en 2002 sur « *la validation des acquis de l'expérience* » (VAE) (Voir présentation dans chapitre II). Alors qu'elle constituait une formidable opportunité pour les associations françaises de valoriser leurs bénévoles, nous avons fait le constat qu'elles s'en étaient peu emparé* ;
- parallèlement, dès cette époque, France Bénévolat accueillait, dans ses permanences locales, plusieurs milliers de demandeurs d'emploi. Beaucoup d'entre eux, outre le besoin d'être utiles comme tout bénévole potentiel, venaient à la fois pour sortir de leur isolement et avec l'intuition, plus ou moins formulée, que le passage par le bénévolat pouvait constituer un tremplin vers l'emploi ;
- des démarches similaires avaient déjà été initiées en Suisse et en Autriche ;
- un rapport officiel du Sénateur Murat (fin 2005) recommandait de renforcer le dispositif de VAE, en « *validant les acquis de l'expérience bénévole, qui seraient ainsi reconnus au même titre que les acquis de l'expérience professionnelle pour accéder à une qualification* » ;

Au-delà de l'élaboration du contenu, il nous a semblé que le support proposé devait être à la fois « pas trop compliqué, mais pas trop simple » :

- pas trop compliqué, pour être compréhensible et utilisable par le plus grand nombre d'associations, en particulier les petites, pas nécessairement spécialistes de la gestion des compétences ;
- pas trop simple, pour être acceptée dans les dossiers et par les jurys de VAE ;

C'est la raison pour laquelle notre support a été validé par l'AFPA (Association Française de Formation des Adultes), incontournable en matière de formation d'adultes, en particulier d'adultes peu qualifiés, puis par l'ANPE, qui s'est transformé en « Pôle Emploi ».

Le Passeport Bénévole® a ensuite été reconnu par le Ministère de l'Education Nationale, puis par la Caisse des Dépôts et Consignations dans le cadre de ses actions sur l'insertion, enfin par le Ministère de la Vie Associative (La version actuelle a été légèrement modifiée en 2012, suite à un groupe de travail commun Ministère/France Bénévolat).

A fin 2019, environ 150 000 exemplaires ont été diffusés. On peut considérer que ce dispositif est proche d'un « certificat de compétences », au moins dans la conception anglaise des « NVQs » (National Vocational Qualification).

Dans la pratique, il se présente comme un dossier dans lequel le bénévole réunit ses expériences et ses certificats. **Il en est le propriétaire**, dans une approche que nous avons voulue proche du « porto folio de compétences » québécois, le Québec pouvant être pionnier en matière d'orientation professionnelle des adultes et de reconnaissance des compétences.

I. Principales données et connaissances sur le bénévolat et l'engagement

1) Les principales données quantitatives sur le bénévolat

L'étude de France Bénévolat, conduite régulièrement (2010, 2013, 2016 et 2019) par Ifop avec l'appui de Recherches et Solidarités et du Crédit Mutuel, permet d'estimer qu'il y a environ 13 millions de bénévoles dans les structures associatives, soit 24 % de la population de plus de 15 ans (36%, si on intègre toutes les autres formes de bénévolat). Entreprises avec les mêmes méthodes et les mêmes questions, ces enquêtes permettent donc d'avoir des comparaisons fiables.

Globalement, le bénévolat associatif, après une belle embellie de 2010 à 2016, notamment grâce à la forte progression de l'engagement bénévole des jeunes, stagne, voire régresse légèrement.

Encore plus préoccupante est la situation de l'engagement des plus de 50 ans et, plus spécifiquement, celle des retraités.

Taux d'engagement bénévole associatif comparé en 2010 et 2019

	Taux d'engagement bénévole en 2010 **(% de personnes engagées dans le bénévolat associatif par rapport à la population du groupe)**	**Taux d'engagement associatif en 2019**	**Répartition par âge des bénévoles** **(Sur environ 13 millions)**
15/34 ans	16%	22%	28%
35/49 ans	17%	22%	23%

	26%	20%	20%
50/64 ans	26%	20%	20%
65 ans et +	38%	31%	28%
Total Français de 15 ans et +	23%	24%	100%

Dès 2015, France Bénévolat s'était inquiétée du tassement relatif constaté en 2013 pour les plus de 65 ans (des retraités pour simplifier). Avec les résultats de 2019, il ne s'agit plus de tassement, mais de régression. Le taux d'engagement des seniors est donc passé de 38% en 2010 à 31% en 2019. C'est presque 0,8 point par an. C'est très important, d'autant plus que le phénomène semble s'être accéléré de 2016 à 2019.

La progression du bénévolat direct est la plus spectaculaire

L'enquête précédente permettait, pour la première fois en France, de faire une estimation du « *bénévolat direct* ». Il est probable qu'au XIX° Siècle celui-ci était dominant. Peu de pays arrivent à cerner le phénomène et à le distinguer du bénévolat institué dans le « *tiers secteur* », terme générique international qui recouvre, peu ou prou, les associations, les fondations, voire l'économie sociale.

Ce bond spectaculaire du bénévolat direct nous interpelle avec :

- d'un côté, une progression importante de l'élan et de l'envie de solidarité ;
- d'un autre côté, l'extrême difficulté à transformer ce premier niveau de solidarité en une implication collective durable, via des projets associatifs, puisque, en plus, le pourcentage de bénévoles qui se disent engagés toute l'année (donc, réguliers) baisse nettement. Ce résultat recoupe d'ailleurs les perceptions des responsables associatifs (cf. enquête ORA de Recherches et Solidarités) qui, eux, ont le sentiment que leur projet associatif repose sur un noyau dur plus réduit et plutôt plus âgé.

Nous tenterons deux explications possibles à cette progression :

- l'impact de la crise : la montée de la misère et des difficultés sociales semble être un catalyseur qui incite à agir concrètement près de chez soi ;
- l'impact des tendances sociologiques structurelles que nous analysons depuis plusieurs années : un bénévolat d'action plutôt qu'un bénévolat de projet, tendance qui s'accélèrerait, avec peut-être un refus de ce qui pourrait apparaître comme une forme d'embrigadement.

-   la création de collectifs informels qui, sur le plan juridique selon la loi de 1901, correspondent à des associations de fait sans personnalité juridique.

2) Les finalités et l'impact du bénévolat et de l'engagement

Au-delà de la définition générique du bénévolat proposée par le CESE et maintenant totalement admise (« *Tout temps donné gratuitement et volontairement à autrui en dehors de son univers familial* »), il apparait bien la nécessité de revenir sur les finalités et l'impact du bénévolat.

Nous proposons que le bénévolat, et tout particulièrement le bénévolat associatif, soit développé au travers d'une triple finalité conjointe.

a) Le bénévolat ressource, contributeur essentiel du développement associatif

C'est la dimension la plus évidente, celle sur laquelle France Bénévolat est sollicitée en permanence au quotidien, puisque, malgré la progression quantitative du bénévolat, 50 % des responsables associatifs disent ne pas avoir assez de bénévoles (cf. enquêtes de Recherches et Solidarités). Nous avons comparé le monde associatif à un Moloch insatiable. Ce besoin croissant ne faiblira pas dans les années futures, à la fois en raison de tensions sur les budgets monétaires, de problèmes sociétaux à prendre en charge croissants…et de projets associatifs dynamiques où des responsables ont envie de faire plus.

Cette croissance des besoins quantitatifs se couple avec une augmentation des exigences qualitatives, ce qu'on a appelé « *la professionnalisation du bénévolat* », qu'on peut également appeler « *l'introduction de la logique de compétences dans le bénévolat associatif* ».

De ce point de vue, les travaux de France Bénévolat ont contribué à des analyses très partagées et des échanges soutenus de bonnes pratiques dans le monde associatif avec la nécessité de :

- développer des démarches de GRH bénévoles,

- diversifier les sources et canaux de recrutement des bénévoles,

- penser les politiques de formation des bénévoles et d'adapter les ingénieries pédagogiques,

- développer les signes et supports de reconnaissance dont la reconnaissance des compétences au travers du « Passeport Bénévole » ®.

On peut dire que cette dimension du bénévolat est totalement acquise. Le grand risque serait d'en rester là et, du coup, d'introduire un premier niveau d'instrumentalisation du bénévolat par les pratiques associatives elles-mêmes.

b) Le bénévolat contributeur du développement du lien social et du vivre ensemble

Cette seconde dimension est assez évidente, mais elle peut être facilement oubliée. Elle peut être illustrée tant sur les registres individuels que collectifs et rejoint bien sûr le besoin absolu du vivre ensemble dans une société éclatée. Elle implique la nécessité de :

-    sortir de l'isolement objectif ou du sentiment de solitude et dont les personnes très âgées, contrairement aux idées acquises, n'ont malheureusement pas le monopole,

-    développer pour les seniors ce que qu'on appelle désormais la prévention sociale globale,

-    recréer des liens intergénérationnels puisque la France, plus que tout autre pays, se caractérise par des coupures générationnelles fortes, sauf dans les réseaux familiaux.

C'est ce que France Bénévolat a appelé « *le bénévolat par et le bénévolat pour* », retrouvant d'ailleurs le concept du « *don et du contre-don* » de Marcel Mauss.

Mais du coup, comment éviter la contradiction possible entre la professionnalisation du bénévolat et le droit au bénévolat pour tous. Le risque est évident : la montée de la logique de compétences dans le bénévolat, qui est incontournable, peut entrainer des pratiques injustifiées de sélection des bénévoles qui deviennent des salariés pas payés.

Il y a une ligne de crête, complexe, qui ne peut pas n'être réglée que par une introspection individuelle de chaque association. Il s'agit bien aussi, de notre point de vue, d'une réflexion collective à porter par l'ensemble du monde associatif dans la durée.

c) Le bénévolat contributeur à l'éducation à l'éducation à la citoyenneté

Cette troisième dimension était évidente dans l'histoire du mouvement de l'éducation populaire. Il serait abusif, de notre point de vue, de dire qu'elle a été oubliée. Nous pensons que c'est davantage par une « *re-traduction* », de l'esprit de l'éducation populaire dans le contexte actuel - nous ne sommes évidemment plus en 1950 ! -, qu'il convient de travailler collectivement. C'est bien sûr en donnant toute leur place aux jeunes que cette retraduction se fera, mais pas seulement sur le registre du bénévolat pour les jeunes, mais autant sur l'éducation à l'utilité sociale par les jeunes. C'est tout le sens du programme « AIRE 21 » ® de France Bénévolat qui vise à la fois des objectifs pédagogiques et éducatifs et qui entrainera, si nous sommes compris, à de nouvelles approches de la promotion du bénévolat auprès des jeunes, en donnant la priorité aux plus exclus, au moins à ceux qui ont le moins confiance en eux-mêmes.

Cette troisième dimension du bénévolat rejoint évidemment la seconde.

Face cette triple dimension du bénévolat, on peut en identifier un triple impact :

-    Bénévolat pour les autres (les bénéficiaires de son action),

-    Bénévolat pour soi (développement personnel, construction identitaire, création de liens sociaux, développement des compétences),

-    Bénévolat pour le territoire, avec la volonté d'ancrer son action dans des territoires de proximité, mais aussi avec la nécessité, pour les responsables associatifs et les élus territoriaux, d'apprendre à connaitre leurs territoires.

II.   Origine et objectifs du Passeport Bénévole®

Lancement du Passeport Bénévole® : l'expérience bénévole peut enfin être reconnue

Parce que tout parcours professionnel s'enrichit de chaque expérience, France Bénévolat lance un nouvel outil qui permet la reconnaissance de l'expérience et la valorisation des compétences bénévoles : le Passeport Bénévole®.

Le Passeport Bénévole® permet de répertorier les missions bénévoles exercées, d'identifier et de valoriser les compétences acquises dans ce cadre.

Les compétences des bénévoles, acteurs essentiels de la Société Civile, pourront enfin être connues et reconnues :

Le bénévole est un acteur essentiel de la Société Civile. Il met à disposition de la Société non seulement une partie de son temps, mais aussi sa capacité à remplir sa mission dans l'association auprès de laquelle il s'engage - donc ses compétences. Celles-ci n'étaient pas, jusqu'en 2002, reconnues, car pas identifiées comme telles, ni par la société ni même par les bénévoles, qui répugnent à se valoriser eux-mêmes et voient leur mission essentiellement sous l'angle de l'utilité aux autres.

Le Passeport Bénévole® est venu progressivement pallier cette carence.

Tous les bénévoles, quels que soient leur parcours et leur profil, pourront conserver une trace objective de leur mission, des résultats qu'ils ont obtenus, et des compétences qu'ils ont mises en œuvre ou développées dans ce cadre. Que le bénévole soit étudiant, femme au foyer, actif en poste, demandeur d'emploi ou retraité, il verra son expérience bénévole reconnue comme l'expression d'un parcours personnel, et ses compétences valorisées.

Le Passeport Bénévole® est aussi un outil d'évolution professionnelle

Il est aussi, pour les bénévoles intéressés par l'enrichissement de leur parcours professionnel, un outil privilégié d'évolution professionnelle : tout bénévole associatif peut faire fructifier ses actions, ses réalisations, les compétences qu'il a acquises en association, en bref son expérience bénévole, de manière identique à une expérience professionnelle.

Le Passeport Bénévole® est une ressource pour le bénévole qui souhaite mobiliser ses expériences à des fins professionnelles : bilan de compétences, réorientation professionnelle et recherche d'emploi, accès à une formation ou validation des acquis de l'expérience (VAE) et maintenant Compte Personnel d'Activité (dans des conditions précises).

Le Passeport Bénévole® concourt ainsi à la sécurisation du parcours professionnel. L'enjeu de la sécurisation du parcours professionnel est évidemment d'importance: permettre à toute personne d'avoir un parcours professionnel cohérent et valorisant, indépendamment de son lien avec une entreprise.

La sécurisation du parcours professionnel vise particulièrement à éviter les périodes de chômage de longue durée en transition d'un emploi vers un autre, synonymes de précarisation, mais aussi de déqualification.

Le Passeport Bénévole® est un livret personnel

Il qui permet à chaque bénévole de consigner les missions qu'il a réalisées en associations, quels que soit l'association, son domaine d'activité et la mission réalisée. Il s'adresse à tous ceux qui ont fait ou font du bénévolat.

Le livret contient des fiches et un mode d'emploi

La première fiche est le profil du bénévole.

Les fiches contenues dans ce livret permettent à la fois de synthétiser et de rassembler les missions réalisées. Pour chaque mission, on détaille le contexte de la réalisation de la mission, les activités et les réalisations concrètes, l'autonomie développée, les responsabilités exercées, les outils professionnels utilisés, en bref : l'expérience acquise dans chaque mission.

Les fiches du Passeport Bénévole® sont validées par l'association

A chacune des missions correspond une attestation, délivrée par l'association bénéficiaire du travail du bénévole. Le bénévole doit prendre contact avec l'association pour laquelle il a effectué une mission bénévole et lui faire remplir l'attestation. Il s'agit donc bien d'une co-écriture.

Le Passeport Bénévole® est une passerelle entre le bénévolat associatif et la vie professionnelle

Il permet à tout bénévole de faire fructifier son engagement bénévole dans son parcours professionnel, que ce soit pour se renforcer dans son profil et sur ses compétences, ou pour évoluer. Le Passeport Bénévole® peut donc être prioritairement utilisé dans le cadre d'un entretien d'embauche, ou de manière plus formelle et souvent dans des démarches moyen/long terme, dans les dispositifs de Validation des Acquis de l'Expérience.

Où se procurer le Passeport Bénévole® ?

Le Passeport Bénévole ® est disponible dans les Centres France Bénévolat ainsi que dans certains réseaux associatifs partenaires. Vous pouvez également le commander sur www.passeport-benevole.org.

Consultez le site www.francebenevolat.org pour connaître les adresses des Centres France Bénévolat ou le site www.passeport-benevole.org pour obtenir gratuitement les fiches de mises à jour.

Le Passeport Bénévole®, intégré par Pôle Emploi et l'AFPA dans leurs dispositifs d'accompagnement de la VAE

Le Passeport Bénévole® peut être intégré, selon le projet du bénévole qui le remplit, aux dispositifs d'accompagnement des candidats à la Validation des Acquis de l'Expérience développés par Pôle Emploi et par l'AFPA.

Pour Pôle Emploi, la VAE permet aux demandeurs d'emploi « *d'accéder à un éventail d'offres d'emploi plus large, de mettre en évidence leurs compétences et qualités […]. [Le dispositif mis en place par l'agence permet aux demandeurs d'emploi de] définir les métiers et les certifications en lien avec [leur] expérience, de confronter [leur] projet de VAE à la réalité de l'environnement socio-économique et d'organiser les étapes pour réaliser [leur] projet VAE.* »

Concrètement, le dispositif passe par l'identification d'interlocuteurs référents VAE dans toutes les agences et la mise en place d'ateliers VAE accessibles aux demandeurs d'emploi pour les guider dans leur projet jusqu'à l'étape ultime de Validation des Acquis de l'Expérience. Ces dispositions ont été complétées en juillet 2007 par l'édition d'un guide, également téléchargeable sur www.pole-emploi.fr, pour «se préparer à la validation des acquis de son expérience ».

L'AFPA a pour mission depuis plus de 50 ans de « favoriser l'insertion des demandeurs d'emploi et de permettre aux personnes engagées dans la vie active d'acquérir une qualification professionnelle. [...]

La VAE est l'un des dispositifs promus par l'AFPA: «[Les] compétences acquises par l'expérience ou par la formation seront validées et reconnues par un Titre professionnel délivré par le Ministère chargé de l'Emploi.» L'expérience peut être professionnelle -salariée ou non salariée- ou bénévole. Ces titres sont inscrits au répertoire national des certifications professionnelles comme tous les diplômes professionnels. Les employeurs et les branches professionnelles les reconnaissent ».

Obtenir un titre professionnel grâce à la VAE peut être un élément déterminant sur un CV, ou au moment d'un entretien d'embauche, pour un demandeur d'emploi ou pour un salarié en poste qui souhaite évoluer vers un emploi mieux adapté à ses compétences.

Pour Hugues de Laval, de l'AFPA, le Passeport Bénévole® est un « un mode d'emploi pour bien définir son projet. Il fait le lien entre le bénévole et l'association pour laquelle il s'est engagé. Pour le bénévole c'est un guide précieux pour mettre au clair son projet de VAE, les fiches conçues avec l'AFPA lui permettent de décrire ses activités et leur cadre avant même d'avoir entrepris les démarches d'inscription à un parcours de VAE. Ce passeport va lui permettre de mettre en valeur ses acquis expérientiels, ses formations, en se faisant aider si nécessaire par son responsable associatif.

Ainsi pour le bénévole qui visera une qualification certifiée par le ministère de l'emploi, sa démarche auprès de l'AFPA sera grandement facilitée, les fiches lui permettent d'avoir une vision d'ensemble de ses activités. L'accompagnement du projet de validation de ses compétences s'appuiera sur tout le travail de préparation à la VAE mené à bien grâce au Passeport.

Le Passeport Bénévole® été présenté et diffusé aux correspondants VAE de l'AFPA, sensibilisés à l'accueil des bénévoles qui se lancent dans la validation de leurs acquis.

Il a été très bien accueilli et est perçu comme un sésame qui va permettre à nombre de bénévoles de découvrir qu'il leur est possible - souvent sans formation complémentaire - d'obtenir une certification validant leurs savoir-faire acquis en entreprise ou lors de leur engagement bénévole. »

En conclusion de ce chapitre, on peut indiquer que ce support du Passeport Bénévole®, est né de façon pragmatique dans un contexte globalement favorable, largement à l'initiative de France Bénévolat, mais dans une co-construction, d'abord avec secteur public (AFPA, Pôle Emploi, Caisse des Dépôts et Consignations, Ministère de la Vie Associative, Ministère de l'Education Nationale, Collectivités Territoriales), puis avec le secteur privé (bien sûr le Monde Associatif, puis certaines entreprises).

Même si au départ, France Bénévolat a pensé prioritairement à la population des demandeurs d'emploi, nous avons constaté qu'il a intérêt pour toutes les autres catégories : jeunes, salariés, retraités… mais, à chaque fois, avec des processus un peu différents. **C'est la raison pour laquelle nous allons balayer, de façon plus approfondie, trois populations prioritaires : les jeunes, les demandeurs d'emploi et les salariés.**

De même, s'il est mis en œuvre prioritairement par et au sein d'associations, il peut être diffusé ou recommandé par d'autres structures, par exemple :

-    des collectivités territoriales (Ville de Paris, Conseil Départemental des Bouches du Rhône,…)
-    des établissements scolaires, en priorité des lycées ou des Grandes Ecoles
-    des entreprises.

III. Les associations, lieux de qualification et de développement des compétences

On entend souvent cette phrase : « *Les associations devraient être gérées comme des entreprises !* ». Outre qu'elle vient de personnes qui méconnaissent généralement totalement la réalité de la vie associative, elle est particulièrement insupportable par sa projection sur une forme de modèle unique, comme si l'Entreprise était parfaite, n'engendrait aucun dysfonctionnement sociétal, ne créait pas de pollution, ne générait pas d'exclusion, respectait parfaitement toutes les règles collectives. On a alors envie de répondre : « *Et si les entreprises étaient gérées comme des associations ?* ».

Si on veut sortir de ces niveaux de « débat du niveau café du commerce » et ces anathèmes réciproques, apprenons plutôt à reconnaître les spécificités propres de chaque type de structure, et à mieux identifier les champs sur lesquels elles excellent de façon spécifique. C'est la condition de base de véritables partenariats.

De façon plus opérationnelle, on ne développera pas rapidement la reconnaissance des compétences développées dans le cadre de l'engagement bénévole - que ce soit au travers des démarches formelles mais associatives du Passeport bénévole® de France Bénévolat ou au travers des démarches de Validation des Acquis de l'Expérience (VAE) - si les acteurs externes aux associations (employeurs, recruteurs, formateurs, membres des jurys VAE…) ne comprennent pas mieux la nature des activités développées dans les associations et les compétences associées et pensent que **les activités bénévoles sont identiques à des situations de travail qualifiantes à part entière.**

Les associations doivent, elles aussi, mieux expliquer concrètement les activités qu'elles développent et leur mode de fonctionnement à l'égard de ces acteurs pour lesquels le Monde associatif est souvent une nébuleuse un peu floue.

Les associations sont souvent des organisations complexes, donc qui nécessitent les mêmes types de compétences que les autres organisations.

On ne connaît généralement des associations que leur activité la plus apparente à l'égard de leurs usagers finaux, mais on méconnaît – pour reprendre une expression familière aux entreprises - le « back office » qu'elles génèrent.

Pour prendre quelques exemples parmi d'autres, et volontairement diversifiées :

- distribuer plusieurs centaines de repas chauds, le soir et dehors, nécessitent des compétences en logistiques extraordinairement pointues ;

- emmener des centaines d'enfants en vacances, dans des conditions de sécurité et d'accueil, nécessite bien sûr beaucoup d'engagement affectif et de bienveillance, mais aussi un savoir-faire ancré dans des pratiques professionnelles ;
- organiser un festival d'été ou un concert spécifiquement ouvert à des handicapés est beaucoup plus compliqué que l'organisation d'un spectacle classique dans une salle fermée ;
- organiser une rencontre sportive entre des étudiants des pays de l'Union Européenne nécessite des compétences sur des champs très diversifiées : transports, hôtellerie, accueil, sports, gestion de budgets, droit…
- être à l'écoute de personnes en déshérence et trouver les bonnes filières pour les aider à entrer dans un cercle positif nécessite des savoirs faire sociaux et des savoirs faire techniques sur de multiples registres ;
- …

On peut dire à travers ces exemples qu'on retrouve les mêmes types de compétences mises en œuvre ou développées, quelle que soit le type d'organisation, pour autant que cette organisation soit dynamique : gestion de projets, logistique, gestion de budgets, écoute des personnes…

Les associations génèrent des compétences spécifiques

Mais au-delà de ces compétences transversales universelles, il en existe de plusieurs types, elles sont prioritairement issues du fonctionnement associatif. Ce qui nous semble devoir être particulièrement souligné, c'est que ces compétences intéressent fortement l'Entreprise. La reconnaissance de cette spécificité peut évidemment constituer un préalable à la constitution de véritables partenariats, c'est-à-dire sur un pied d'égalité :

1) Les associations, lieu d'innovations :
C'est le constat le plus immédiat pour ceux qui acceptent de pénétrer la vie associative, surtout pour les équipes de France Bénévolat qui ont la chance de rencontrer de multiples associations. On est frappé par l'extraordinaire capacité d'innovations, tant sur les Projets Associatifs que sur leur mise en œuvre.

Bien sûr, ces capacités d'innovations partent d'abord de la motivation et de l'engagement des dirigeants associatifs, mais il y aurait matière à analyser de façon plus approfondie les ingrédients subtils de ces mécanismes d'innovations.

On peut même affirmer que le Monde Associatif constitue le premier lieu de recherche/développement pour répondre à une demande sociale implicite et mal exprimée, avant d'aller ensuite vers des démarches marchandes plus classiques. Les exemples de cette nature sont légion. Citons à titre d'exemples :

-   les services à la personne portés pendant plusieurs décennies par le seul secteur associatif ;
-   les dispositifs d'accompagnement à la création d'entreprises initiés au début des années 1980 par des militants associatifs connaissant bien l'Entreprise (les sociologues les qualifieraient de « marginaux sécants » !) ;
-   une large part des méthodes personnalisées d'accompagnement des demandeurs d'emploi ;
-   les démarches innovantes de la pédagogie des adultes ;
-   …

2) l'apprentissage à travailler en équipe et à fonctionner de façon collective :

Si bien sûr l'Entreprise essaie de fonctionner de façon collective et si la notion de management participatif a pris progressivement le pas sur le management autocratique, le fonctionnement associatif est par nature collectif…ou il n'est pas ! Le fait associatif, c'est « faire Société ensemble » sur un Projet partagé. Loin d'affirmer que toutes les associations sont des modèles de démocratie, on peut constater que celles qui se sclérosent et qui finalement meurent sont très fréquemment des associations où le pouvoir a été progressivement accaparé par quelques-uns, au détriment de démarches de consensus collectif, de participation des différentes parties prenantes et de délégation.

Ce qui apparaît souvent comme lent et lourd, parfois irritant, pour des personnes ayant l'expérience de l'Entreprise classique, est en fait un « fonctionnement à la japonaise », où le temps, apparemment perdu dans la préparation de la décision, sera du temps gagné dans sa mise en œuvre.

3) l'apprentissage à animer des équipes de bénévoles sans hiérarchie formelle (absence de liens de subordination et autorité de compétences) :

C'est un corollaire du point précédent, mais essentiellement dans le fonctionnement de terrain des équipes de base, prioritairement pour ce qui concerne les bénévoles.

L'absence du lien de subordination, qui, lui, caractérise fondamentalement le contrat de travail, change radicalement la relation dans le cas des bénévoles. Il n'y a plus un employeur qui, finalement, décide et impose, même si le management est participatif. Il y a une personne qui décide, de son propre gré et sans aucune autre obligation que de répondre à ses motivations, de donner de son temps.

La relation ne peut être qu'équilibrée dans des règles du jeu claires, transparentes et réciproques, alors que dans le contrat de travail, quels que soient le degré d'implication et la qualité de la relation, la relation reste en dernier ressort déséquilibrée au bénéfice de l'employeur. Nous disons qu'il y a « engagement réciproque ». C'est ce que Roger Sue analyse de façon extrêmement pertinente dans la genèse et le fonctionnement du fait associatif.

C'est la raison pour laquelle il est beaucoup plus difficile **d'animer** des bénévoles que de **manager** des salariés ; cette animation ne peut être que participative et consensuelle et en dernier ressort, il y a toujours nécessité d'un minimum de charisme de la part de l'animateur (l'« emporwerment » pour reprendre une expression à la mode). C'est évidemment le projet collectif, inscrit dans le Projet Associatif, qui fait le ciment de cette relation, entre des individus, par nature subtile.

Quand on sait animer des bénévoles, on sait par définition gérer des salariés, car qui peut le plus, peut le moins !

4) l'efficacité dans des organisations « floues » :

Parlons clair : le fonctionnement et l'organisation des associations ne sont pas « toujours parfaitement rationnelles ». Parfois, il y a même des progrès significatifs à faire, même si ce qui peut apparaître comme un « joyeux désordre » est compensé par une motivation collective et un consensus interne.

Mais on ne peut que constater cette capacité de réactivité, d'adaptation, de débrouillardise au quotidien, plus proches du fonctionnement des PME que des grandes structures très rationnelles. Ces compétences de « savoir agir » dans des organisations pas totalement stabilisées sont celles recherchées par les entreprises classiques, dès qu'elles mettent en place des organisations plus décentralisées ou qu'elles essaient d'enclencher des processus de changement ou d'innovation.

5) l'optimisation des moyens et la maîtrise de l'efficience :

Pour reprendre la définition propre des spécialistes de l'évaluation qui distinguent l'efficacité (capacité à tenir les objectifs définis), de l'efficience (capacité à optimiser les moyens mis à sa disposition), on peut dire que globalement l'Entreprise est très efficace mais peu efficiente. L'Entreprise est même terriblement prédatrice des ressources mises à sa disposition, en particulier des ressources naturelles et des ressources humaines.

La définition même du développement durable, dont la nécessité sera de plus en plus incontournable, c'est justement la capacité à gérer de façon optimale ses ressources. Certains parlent d'une gestion « raisonnable » ou « soutenable ».

De ce point de vue, les associations ont une large avance sur les entreprises classiques, même si elles ne savent pas du tout évaluer, techniquement, leur efficience.

Le « modèle économique » d'une association, c'est d'abord « une économie de bouts de ficelle où l'on apprend à faire de grandes choses avec des petits riens » !

En conclusion, les associations sont bien des lieux qualifiants, parfois plus que les situations de travail plus classiques, elles, parfois très « déqualifiantes ». Il convient que le Monde Associatif en soit conscient, n'ait pas de complexes, et sache mieux décrire ses activités, et par voie de conséquence mieux identifier les compétences associées.

IV. La valorisation des compétences acquises dans l'engagement bénévole associatif

Quelques rappels historiques

La question de la reconnaissance et de la valorisation des compétences acquises dans le bénévolat est somme toute assez récente. De ce fait, tant les problématiques que les démarches opérationnelles ne sont pas encore totalement stabilisées. On peut analyser 5 courants parallèles qui ont contribué à faire émerger cette question :

1) Le vote de la loi de 2002 sur « la Validation des Acquis de l'Expérience » (VAE) :

On peut affirmer, sans être exagérément critique, que la réglementation précédant la VAE, « la Validation des Acquis **Professionnels** » (VAP) était discrète. Peu connue par les professionnels des Directions des Ressources Humaines, bloquée par le « monde enseignant », elle n'avait été que très faiblement utilisée que pour quelques diplômes de l'enseignement supérieur.

La loi de 2002, qualifiée par la Secrétaire d'Etat à la Formation Professionnelle, Nicole Péry, porteuse de cette loi, de « petite révolution », est en fait une double révolution qui se heurte à des cultures profondes, que les experts de la formation font remonter à la Révolution Française et à la Loi Le Chapelier :

- en France, la formation est d'abord académique et la validation se fait prioritairement sur les connaissances, avec un poids très important accordé aux diplômes et aux examens classiques (La « diplômite » à la Française !) Tout ce qui dévie de ce modèle dominant est suspect : formation par alternance, pédagogie inductive, formation expérientielle, validation à partir du savoir-faire…

- l'idée que l'on puisse acquérir des compétences autrement que par un univers « professionnel » (sous-entendu en entreprise ou dans un emploi rémunéré), c'est-à-dire dans un univers aussi flou et peu connu qu'une association, est encore plus suspect !

Pour mémoire, quelques rappels sur la Validation des Acquis de l'Expérience (VAE) :

Reconnue par le Code du travail depuis 2002, la validation des acquis de l'expérience (VAE) permet de faire reconnaître son expérience (professionnelle ou non) afin d'obtenir un diplôme, un titre ou un certificat de qualification professionnelle. Diplômes, titres et certificats sont ainsi accessibles grâce à l'expérience (et non uniquement par le biais de la formation initiale ou continue), selon d'autres modalités que l'examen. Sous certaines conditions les demandeurs d'emploi peuvent bénéficier d'une prise en charge des frais.

Avant de débuter une procédure de VAE, il est nécessaire de bien préciser son projet professionnel et de choisir la certification la plus adaptée.

Informations et conseils peuvent être obtenus auprès des points relais conseil de proximité, auprès des agences de Pôle Emploi et des établissements régionaux de l'AFPA.

Pour mémoire, le rapport du Sénateur Murat, en 2005 (voir introduction) rappelait cette ardente obligation pour le bénévolat.

2) L'évolution du concept de compétences et de sa reconnaissance sous l'influence des autres modèles européens :

Beaucoup de travaux ont été menés entre 1980 et 2000 sur la notion de compétences (en opposition à la notion de qualification), sur des référentiels de compétences, … Mais la notion d'un « certificat de compétences », telle qu'on la trouve dans la notion de $_{NVQ}$ britannique (National Vocational Qualification), qui pourrait être accordé en dehors des démarches académiques ou publiques, trouble les habitudes françaises où l'octroi d'un diplôme ou d'un titre professionnel reste régalien. Néanmoins, ces modèles européens influencent nos pratiques. A titre d'exemple pour le monde associatif « le Certificat de Formation à la Gestion des Associations « (CFGA) n'est ni un diplôme, ni un titre ; c'est un certificat de compétences accordé sous délégation des Délégations Régionales de Jeunesse, des Sports et de la Vie associative !

3) La transformation des filières universitaires au travers de la loi « LMD » :

La réforme dite « LMD » (Licence, Master, Doctorat) de 2001, dans le cadre de l'harmonisation des cursus et diplômes de l'enseignement supérieur dans l'Union Européenne, et l'introduction des « ECTS » (European Credit Transfer System - Système européen de transferts de crédits) est au cœur de la réforme. Il est clair que les échanges européens ont contribué à intégrer l'idée que les « acquis expérientiels » puissent être valorisés en tant que « ECTS ». En 2004, une Commission de la Conférence des Présidents d'Universités organisait d'ailleurs un débat à la Sorbonne sur le bénévolat et les conditions de sa valorisation. La loi « Egalité et Citoyenneté » de 2016 vise à généraliser cette démarche.

5) La nécessité de mieux gérer la « ressource humaine bénévole » :

Ce développement traite davantage des pratiques associatives et de la nécessité de valoriser les bénévoles au sein même du fonctionnement des associations. Le Passeport Bénévole® de France Bénévolat relève clairement de cette entrée.

Nous disons d'ailleurs, de façon un peu provocatrice, que le Passeport Bénévole® est d'abord un outil pour que les associations s'emparent de la question de la gestion de leurs bénévoles, pas prioritairement un outil pour les bénévoles, même si, bien sûr, les bénévoles en sont la cible finale et les bénéficiaires.

6) La récente loi sur la « Egalité et Citoyenneté » (fin 2016) introduit plusieurs mesures qui favorisent l'engagement et le valorisent

Outre l'objectif de favoriser l'engagement dans les parcours universitaires (Voir 3) ci-dessus), l'arrivée du **Compte Personnel d'Activité** (CPA) introduit des droits à la formation, non seulement pour les périodes travaillées, mais également, dans certaines conditions, pour le bénévolat des Responsables Associatifs et pour les Volontaires (statuts spécifiques différents du bénévolat, mais dans le même esprit d'engagement).

La nécessité de bien distinguer valorisation et validation :

Au travers de ce rapide rappel historique, on voit bien qu'il convient de ne pas confondre « valorisation » et « validation », mais, outre la difficulté à faire comprendre cette différence aux responsables associatifs, il y a à l'évidence un continuum entre les deux concepts :

1) La valorisation est d'abord interne à l'association mais peut servir à l'extérieur :

Pour mémoire, les bénévoles n'ont pas d'autres contreparties **que des contreparties symboliques** ; raison de plus pour y attribuer la plus grande importance. On n'en fait jamais trop en la matière ! Sur ce registre, on peut considérer que reconnaissance et valorisation sont synonymes, mais on attribue plutôt le terme valorisation aux démarches propres aux compétences du bénévole (à détecter, à valoriser, à contribuer à faire reconnaitre,)

Cette reconnaissance se joue sur une série de facteurs à l'importance variable d'une personne à l'autre, **mais toujours dans un processus de développement ou de remaniement identitaires** :

- la reconnaissance de soi dans l'échange (« le don et le contre-don ») avec le bénéficiaire (*«se regarder dans la glace et être fier de soi »*) ;

- la reconnaissance par les pairs dans un projet collectif mené ensemble (le retour d'expériences, la capitalisation et l'échange sur une mission ou un projet bien réussi…) ;

- la compréhension de sa place et de son importance dans le Projet Associatif et dans l'équipe ;

- la **valorisation** et la reconnaissance des compétences acquises par le responsable associatif, avec l'utilisation même du Passeport Bénévole®, qui peut servir de preuves en cas de démarche de **validation** des acquis de l'expérience (VAE) **ou plus simplement ou plus couramment dans des entretiens d'embauche ;**

- bien sûr le « merci » du responsable ou des responsables, les pots, les fêtes… ;
- parfois la reconnaissance de la Société (les médailles, les hommages publics…).

2) La validation est en quelque sorte externe au bénévole mais sert aussi à le valoriser :

Par définition, la validation est externe, qu'elle se situe au travers de la VAE pour l'obtention, totale ou partielle, de « Diplômes » (Education Nationale) ou de Titres (Ministère du Travail ou autres Ministères, ou de points ECTS dans le cadre des cursus d'enseignement supérieur.

Ce passage de la valorisation à la validation se heurte à plusieurs difficultés :

- les référentiels de validation, en particulier ceux de l'Education Nationale, ont été prioritairement conçus sur la base de connaissances (savoirs) ; l'adaptation de ces référentiels à des compétences acquises (savoir-faire) ne va pas de soi, d'où des référentiels métiers ou des référentiels de compétences ;

- les « certificateurs » et ces référentiels se basent des univers dits professionnels, prétendus clairs et connus. Le « Monde associatif » est une « terra incognita » pour ces certificateurs. Leur faire admettre que les fonctionnements associatifs sont tout aussi qualifiants que les univers professionnels, voire plus, n'est pas chose aisée.
Comme déjà indiqué, il appartient aux Responsables associatifs de décrire, sans complexes mais de façon précise, leurs activités et le caractère très qualifiant de nombre de ces activités ;
- certains responsables associatifs aimeraient qu'on « mesure le niveau d' l'engagement » ; bien sûr, on ne peut qu'évaluer des compétences acquises ;

- enfin, beaucoup de bénévoles pensent qu'avec les supports de valorisation on accède quasi automatiquement à une validation. **Evidemment, il n'en est rien ;** le Passeport Bénévole® est une présomption de preuve, pas la preuve suffisante permettant d'obtenir le titre ou le diplôme.

V.   Une utilisation pour les jeunes, avec une priorité à l'égard des jeunes les moins qualifiés

Le contexte dans lequel France Bénévolat intervient sur l'engagement bénévole des jeunes

Dès 2003, Guillaume Houzel (à l'époque au sein de l'association ANIMAFAC) avait mis en évidence les spécificités de l'engagement des étudiants. Il avait utilisé l'expression **d'un « engagement plus contractuel »**.

Ses conclusions sont largement confirmées par d'autres travaux et d'une étude de France Bénévolat de 2007 et peuvent être généralisées à toutes les catégories de jeunes : collégiens et lycéens, étudiants, jeunes travailleurs, jeunes demandeurs d'emploi :

- besoin d'actions concrètes,
- préférence pour les actions collectives **en raison de la place privilégiée à accorder au groupe d'appartenance,**
- réserve à l'égard des débats idéologiques,
- besoin de résultats assez rapides,
- réticences ou impossibilités à s'engager dans la durée ou dans des responsabilités globales,
- besoin d'un retour pour soi-même, **en particulier sur le champ des compétences.**

Il convient à cet égard de bien distinguer **les facteurs qui vont déclencher l'engagement et les facteurs qui vont favoriser l'engagement.**

On peut faire l'hypothèse qu'il existe deux « modèles » de pédagogie de l'engagement qui cohabitent **:**

a)   Un modèle du militantisme que l'on pourrait qualifier de descendant :

C'est le modèle le plus ancien qui remonte aux années 1930 et s'est largement développé dans les années 1950. A cet égard, l'exemple du MRJC (Mouvement Rural des Jeunes Chrétiens) est typique. Le MRJC se réfère explicitement, pour lui-même, à un modèle militant initié dans les années 1930, qui perdure. On part de valeurs partagées, d'analyses collectives de son milieu et de son contexte (*« Le voir, juger, agir »* de l'Action Catholique), d'engagement explicite qui aboutit ensuite à des actions concrètes.

Sur ce modèle on parle davantage d'engagement, au sens générique, que d'engagement bénévole. Il faut rappeler à cet égard le rôle des mouvements de jeunesse, tels que le scoutisme, ou le Mouvement de l'Action Populaire (MJC, Centres Sociaux,…) qui jouent par ailleurs un rôle plus large de formation dite « non formelle ». Les engagements politiques, syndicaux ou associatifs se confondent d'ailleurs fréquemment.

b) Un modèle plus inductif :

On part d'actions concrètes et des compétences des jeunes sur le registre : « on a besoin de vous ». On retrouve la notion de pédagogie expérientielle soulignée avec beaucoup d'insistance par la Croix-Rouge Française dans une étude de 2003 (Les termes d'engagement et de bénévolat, souvent, ne sont même pas prononcés, car à ce stade non compréhensibles, voire largement « ringards » !). **Les jeunes découvrent leur utilité dans l'action et leur reconnaissance dans le regard des bénéficiaires**.

C'est d'abord la reconnaissance de soi qui constitue le premier effet de cet engagement, en particulier pour les jeunes issus de milieux défavorisés.

De ce fait, depuis 2007, France Bénévolat considère que la promotion de l'engagement bénévole des jeunes constitue **la priorité des priorités :**

- avec de nombreuses actions de sensibilisation dans les établissements scolaires (avec une priorité accordée aux lycées), auprès de plusieurs milliers de jeunes tous les ans ;
- par la mise en œuvre, depuis 2013, d'un programme spécifique AIRE 21® (« *Actions intergénérationnelles pour la Réussite Educative au 21° siècle*) sur lequel nous avons réussi à impliquer environ 9 500 jeunes sur 250 projets concrets. Dans la valorisation de ces jeunes impliqués, Le Passeport Bénévole® tient une place essentielle, surtout pour les jeunes non qualifiés, en situation de « décrochage » ou en voie d'exclusion.

La présentation de AIRE21® et le rôle du Passeport Bénévole®[1]

La problématique, les finalités et les bases méthodologiques du programme AIRE21® (Actions Intergénérationnelles pour la Réussite Educative au 21e siècle)

Le contexte du programme

L'emploi redevient le problème majeur de notre Société, alors qu'il y a 5 ou 6 ans (comme vers 1987), on pouvait espérer que, dans la durée, il se réglerait.

« Comme d'habitude » en France, au cours de chaque crise économique, ce sont les jeunes et les salariés âgés qui en pâtissent les premiers (Voir analyses de l'ouvrage « Générations placard, générations espoir ? Jeunes et seniors, même combat ! » - Hervé Sérieyx/Dominique Thierry, Maxima, Décembre 2012).

Une série de dispositifs publics vont tenter d'endiguer le raz de marée, en particulier :

- *« **les «contrats de générations»**, à destination des PME/PMI,*
- *« **les emplois d'avenir** » pour les jeunes les moins qualifiés, notamment par un sas dans les secteurs de l'économie sociale et des associations.*
- *« **la Garantie Jeunes** » expérimentée par certaines Missions Locales depuis Octobre 2013 et qui doit monter en charge rapidement (100 000 à horizon 2017).*

Ces dispositifs ont une double dimension curative et préventive.

*Dans ce contexte de conjoncture économique **particulièrement défavorable à l'emploi,** en particulier pour les jeunes et les seniors, nous avons aussi à traiter le problème structurel du « décrochage scolaire », et plus globalement de l'échec scolaire, avec environ 140 000 jeunes sortant sans aucun diplôme (sur une génération de 750 000 jeunes environ par an). Ce chiffre a baissé sensiblement autour des années 2000, puis a augmenté pour rester à ce niveau dramatiquement élevé.*

Le Conseil d'Analyse Economique estime qu'il y aurait environ 1 800 000 jeunes en plus ou moins grande déshérence sociale !

L'origine et les objectifs du programme

Le programme AIRE21® (Actions Intergénérationnelles pour la Réussite Educative au 21e siècle) est directement issu du programme Solidâges21® (Solidarités entre les

---

[1] Voir « ***Les jeunes, les mal aimés de la République*** » Dominique Thierry L'harmattan 2019

âges pour le 21ᵉ Siècle), qui est devenu un programme sociétal et solidaire majeur de France Bénévolat après son initialisation en 2010. Pour en savoir plus, voir <u>*www.solidages21.org*</u>*.*

*Ce nouveau programme « associé », initié début 2013, **se situe sur 4 des 12 domaines d'action de la solidarité intergénérationnelle** (voir typologie de France Bénévolat):*

- o *Accompagner la scolarité,*
- o *Engager un parrainage ou un tutorat de jeunes,*
- o *Transmettre des savoirs et des savoir-faire,*
- o *Monter un projet en milieu scolaire.*

*Il se situe comme une volonté de renforcer la place du bénévolat, et donc des associations, **en complémentarité avec les approches plus pédagogiques innovantes internes aux établissements d'enseignement ou dans les structures d'insertion,** sur ces 4 champs précis de la solidarité intergénérationnelle.*

*Ce programme se donne **pour objectifs** de contribuer à un effort national d'innovations, de capitalisation et d'échanges « de bonnes pratiques », à l'égard de **3 cibles prioritaires :***

*a) **les jeunes « en risque de décrochage»,** dont les enseignants repèrent assez tôt qu'ils sont mal à l'aise avec des approches pédagogiques classiques. Une « **formation expérientielle** » pourrait les valoriser et **leur donner confiance en eux,** d'où l'intérêt de les impliquer dans des projets associatifs, en partenariat avec des associations locales.*

*b) **Il peut s'agir également de jeunes qui n'ont pas à priori de difficultés « supérieures à la moyenne »,** mais qui sont en risque d'auto-dévalorisation, du fait de leur situation, dans des contextes sociaux ou territoriaux stigmatisant. Sur cette cible, les partenaires naturels du programme sont des lycées professionnels ou d'enseignement général. Un développement important est en cours avec les Apprentis d'Auteuil et le CNEAP (Centre National des Etablissements Agricoles Privés, mais également plusieurs établissements scolaires (en privilégiant les lycées).*

*c) **les jeunes, un peu plus âgés, en situation d'insertion sociale et /ou professionnelle difficile.***

Ils sont accompagnés le plus souvent par les Missions Locales et/ou les associations spécialisées (AGIR abcd, EGEE, ECTI et les très nombreuses associations d'insertion ou d'insertion par l'économique, dans lesquelles un grand nombre d'entreprises sont elles-mêmes impliquées).

Sur cette cible, les partenaires naturels du programme sont les Missions Locales.

Les principes d'action

Les quatre principes d'actions suivants *ont été retenus pour la mise en place du programme, souvent à partir de la demande d'une Mission Locale ou d'un établissement d'enseignement :*

*1) **rendre acteurs et proactifs les jeunes** eux-mêmes, dans la recherche de missions bénévoles, de propositions de projets collectifs d'intérêt général, voire de création d'associations ;*

*2) sensibiliser au maximum des associations du territoire à l'enjeu et l'intérêt de la démarche proposée, **d'abord pour les jeunes mais également pour elles-mêmes ;***

*3) **valoriser les compétences ainsi acquises via Le Passeport Bénévole®,** de telle sorte que les jeunes impliqués aient une meilleure image d'eux-mêmes et apportent ainsi la preuve de leur compétence ;*

*4) **progressivement**, mobiliser sur cet objectif commun, l'insertion sociale et professionnelle des jeunes : les associations, la Mission Locale, les collectivités territoriales, **les entreprises locales** et France Bénévolat en tant que réseau d'associations.*

La problématique du programme

*Quelles peuvent être la place et la valeur ajoutée du bénévolat, dans une approche intergénérationnelle et au niveau territorial, **pour des jeunes qui, mis en posture « d'acteurs reconnus de projets d'utilité sociale»,** dans un cadre associatif et accompagné par des adultes bénévoles, pourraient développer des parcours de réussite ?*

Plus globalement, quelles pourraient être les places respectives :
*- **des associations** (porteuses de projets d'utilité sociale ou capables d'accueillir des jeunes porteurs de projets), assurant ainsi de fait des démarches de pré-qualification ?*

- *des systèmes éducatifs*, au sens large du terme, capables de porter des pédagogies centrées sur les compétences expérientielles ?
- *le Service Public de l'Emploi* (et tout particulièrement les Missions Locales) capables de faire de l'accompagnement individualisé de jeunes ?
- *des entreprises* capables d'ouvrir leurs portes à des jeunes qui auront fait preuve de motivations, d'initiatives et de premières compétences reconnues ?

*Il s'agit donc bien d'une démarche où chaque acteur se reconnaît une place spécifique **dans une chaîne collective de progrès**. C'est le sens du slogan de France Bénévolat : « **La réussite éducative et l'insertion des jeunes, tout le monde s'y colle !** ».*

Cette démarche est donc structurée à la fois par :
- *des actions concrètes où le jeune a toute sa place et où on lui fait a priori confiance,*
- *une démarche d'apprentissage par le développement de compétences expérientielles,*
- *une reconnaissance et une valorisation immédiate des compétences acquises devant renforcer cette confiance en soi,*
- *un bénévolat d'accompagnement subtil, individuel et collectif, social et professionnel, mais non compassionnel,*
- *des entreprises « citoyennes », rassurées par un travail en amont de qualité du Monde Associatif, des systèmes éducatifs et du Service Public de l'Emploi.*

Une méthodologie maintenant bien stabilisée, qui a vocation à être généralisable :

A fin Décembre 2016, 115 territoires ont été identifiés et « labellisés », opérationnels ou en démarrage ; 255 projets concrets ont été réalisés ou sont en cours de réalisation; plus de 9 400 jeunes ont été directement impliqués dans ces projets.

Les principales étapes pour la démarche sont les suivantes : (Remarque : il s'agit de la démarche commune France Bénévolat/Missions Locales ; pour les établissements scolaires, les principes d'action sont les mêmes mais les méthodes sont adaptées aux âges et aux objectifs spécifiques, par nature uniquement pédagogiques et éducatifs) :

1)   Sensibiliser, par une réunion collective locale[2], un maximum d'associations locales pour leur présenter la démarche et ses finalités et les convaincre d'ouvrir leurs portes à des jeunes motivés à mener des projets d'utilité sociale.

2)   Sensibilisation des jeunes, par groupes de 15 à 20, au travers du dispositif des « Ateliers de sensibilisation à l'engagement bénévole et citoyen » et présentation du Passeport Bénévole®, comme outil validé de reconnaissance des compétences ;

3)   Travail d'ateliers, animés par des intervenants de la Mission Locale ou de l'établissement scolaire concerné, pour que les jeunes identifient les projets ou types de missions souhaitées ;

4)   Rassemblement, sous l'égide du Président de la Mission Locale, des associations locales sensibilisées, en présence des jeunes déjà préparés ;

5)   Recherche active par les jeunes qui n'auraient pas trouvé de partenaires associatifs ;

6)   Suivi individuel des jeunes par les intervenants de la Mission Locale ou de l'établissement jusqu'à la fin de la réalisation de leur mission ou de leur projet ; utilisation de l'indemnisation « Garantie Jeunes », chaque fois que possible ;

7)   Remise individuelle et solennelle des Passeports Bénévoles® en présence d'un maximum d'acteurs locaux, dont des entreprises locales.

8)   Faire agir les entreprises locales pour qu'elles mobilisent des salariés comme « bénévoles d'accompagnement pour les jeunes » : Projet « Mentorat » expérimenté à partir d'Octobre 2015 sur 8 territoires.

Des partenariats de grande qualité
Un partenariat national a été conclu avec l'Union Nationale des Missions Locales en octobre 2013.

Ce partenariat ambitieux vise à démultiplier la méthodologie AIRE21® auprès de toutes les Missions Locales volontaires, en priorité celles porteuses du dispositif public

---

[2] Cette étape n'est pas nécessairement un préalable, mais elle doit se situer assez tôt dans le processus. Dans les territoires où France Bénévolat est bien implantée (nombre d'associations adhérentes significatif), et en particulier ceux où des actions de sensibilisation à la solidarité intergénérationnelle ont été menées, cette étape est évidemment plus facile.

expérimental « Garantie Jeunes». Une quarantaine de Missions Locales sont désormais impliquées.

A l'automne 2014, un partenariat a été conclu avec le Centre National de l'Enseignement Agricole Privé (CNEAP), tête de réseau de 250 lycées agricoles. Les Apprentis d'Auteuil sont également partenaires opérationnels

Par définition, tous les partenaires de Solidâges21® sont impliqués dans AIRE21® puisque les deux programmes sont liés : Fondation SNCF, Caisse des Dépôts et Consignations, AG2R La Mondiale, Conseil Régional d'Ile-de-France, Ville de Paris, CNAV Ile de France, Conseil Général des Bouches-du-Rhône, Malakoff Médéric, CNAV,, MAIF, HAVAS Worlwide, Harmonie Mutuelle, Fondation Groupe Adecco, Fondation Manpower, OCIRP,...

Mais certains partenaires ont décidé de s'investir plus spécifiquement sur AIRE21® : Fondation SNCF, Caisse des Dépôts et Consignations, HAVAS Worldwide, Harmonie Mutuelle, Fondation Groupe Adecco, Fondation Manpower.

Un exemple parmi les 250 projets AIRE21® où le Passeport Bénévole® a été particulièrement utilisé : l'ICAM Lille

Soutien scolaire par des élèves ingénieurs de l'Icam

A l'Institut catholique des arts et métiers de Lille, le bénévolat fait partie intégrante du cursus. Une trentaine d'élèves-ingénieurs épaulent de jeunes décrocheurs qui préparent un CAP de mécanique à l'intérieur même de l'école.

L'Icam (Institut catholique des arts et métiers) de Lille est une école d'ingénieurs catholique. Elle a été fondée en 1898 par des industriels chrétiens du Nord qui ont fait appel à la Compagnie de Jésus. Ancrée dans la pensée ignacienne, cet établissement a vocation à former pour l'industrie des ingénieurs humains, socialement responsables. « Dès ses débuts, l'Icam a souhaité mélanger les publics en dispensant à la fois de la formation initiale, de la formation professionnelle et de la formation continue, explique Paul Hatton, responsable du premier cycle ingénieur par l'apprentissage. Techniciens, agents de maîtrise, futurs cadres, jeunes et adultes se côtoient dans notre établissement. La dimension humaine est prépondérante, les valeurs de solidarité et de responsabilité sociétale sont ancrées dans les gènes de l'école. »

Des missions au plus près du terrain

Les élèves doivent s'engager dans des actions solidaires en deuxième année du premier cycle et en deuxième année du cycle ingénieur (au cours de laquelle ils effectuent une mission sociale de deux semaines). Ces actions doivent être effectuées au contact direct de personnes défavorisées et non dans des fonctions support.

En deuxième année du premier cycle, la mission se déroule sur toute l'année scolaire, à raison d'une demi-journée par semaine. Certains élèves ingénieurs servent des repas à l'Armée du salut, d'autres participent à des maraudes auprès de sans-abri, d'autres encore rendent visite à des personnes âgées isolées. Une trentaine d'élèves (sur les 160 élèves de deuxième année) ont opté pour le soutien scolaire à des jeunes élèves de l'Ecole de production.

Celle-ci, qui a été créée il y a une dizaine d'années, fait partie intégrante de l'Icam Lille. Elle accueille de jeunes décrocheurs de 13 à 17 ans de milieu social très défavorisé ou compliqué. Ils sont recrutés sur le seul critère de la motivation pour préparer un CAP de serrurerie ou de mécanique. Chacun d'eux est suivi par un élève ingénieur, il est, comme on dit dans le Nord, son fillot (filleul). Ainsi Yassine, âgé de 20 ans, épaule Murat, âgé de 14 ans qui a quitté le collège en 3e. « Je suis très sensible au thème du décrochage scolaire, explique Yassine. Plusieurs amis ont été dans ce cas. Ici, nous croisons tous les jours les jeunes de l'Ecole de production qui n'ont pas eu la même chance que nous. Je vois mon fillot tous les jeudis après-midi. Nous commençons par une conversation puis regardons la pochette qui contient le travail donné par les professeurs de français, maths, anglais, sciences et parfois mécanique. Nous faisons des exercices sur les notions qui restent à acquérir comme une règle de grammaire ou une conjugaison. Nous lisons beaucoup, puis analysons le texte. L'école organise aussi des moments plus ludiques comme un match de foot (chaque équipe est constituée de binômes) ou une sortie au bowling suivie d'un repas. Cela nous permet de décompresser et de sortir des devoirs. Nous sommes un peu comme leurs grands frères et franchement je trouve que Murat a fait des progrès. C'est une expérience vraiment riche qui m'apporte beaucoup ».

La réussite est au rendez-vous

Parallèlement à l'action qu'ils ont choisie, les élèves ingénieurs suivent des TD (travaux dirigés) consacrés au bénévolat, animés par des enseignants de l'école et par Maïta de Bettignies, Déléguée Régionale de France Bénévolat. On y délivre des conseils pratiques et on amène les étudiants à réfléchir sur l'empathie, la solidarité, la bonté, l'engagement...

Grâce à l'implication de l'équipe et à ce soutien, 100 % des jeunes qui se sont présentés en 2015 ont décroché leur CAP. La plupart ont décidé de poursuivre leur scolarité et de préparer un bac pro. « Les élèves-ingénieurs tirent leurs fillots vers le haut, explique Maïta de Bettignies. Les liens qui se tissent entre parrains et filleuls renforcent la motivation des jeunes décrocheurs, motivation qui était déjà la seule condition d'admission à l'Ecole de production. L'Icam sait reconnaître et valoriser l'action bénévole des élèves. Ils font partie intégrante de l'équipe éducative, ont connaissance du carnet de notes de leurs fillots, participent aux entretiens avec les parents... »

Cerise sur le gâteau : introduits en 2015 à titre expérimental, des Passeport Bénévoles® viennent parfaire cette reconnaissance.

Témoignage de Sofia

Sofia est titulaire d'un DUT Gestion des entreprises et des administrations option petites et moyennes organisations. Après un premier stage en entreprise elle décide de s'investir à la Banque Alimentaire pour découvrir le fonctionnement d'une association, approfondir ses compétences et développer son relationnel.Elle s'engage comme bénévole à la Banque Alimentaire et se voit confier deux missions. D'une part elle participe à l'organisation de la Collecte Nationale des Banques Alimentaires en gérant le planning des bénévoles (2 jours – 400 bénévoles – 16 points de ventes).D'autre part elle réalise une enquête sur la motivation des bénévoles de la banque alimentaire du Haut

Rhin. Cette enquête s'inclut dans une démarche globale qui vise à définir de nouvelles orientations pour le bureau de l'association et organiser un séminaire « comment mieux agir ensemble ».C'est la responsable administrative de l'association qui lui propose de remplir un Passeport Bénévole. Sofia ne connaissait pas son existence ; elle le remplit avec sa responsable et nous dit :« Ayant mené deux missions très intéressantes j'ai voulu d'une part avoir une trace écrite et d'autre part savoir si mon travail a été apprécié et s'il était reconnu. » Depuis Sofia a terminé sa licence Pro et a trouvé un travail, dans une association tout d'abord puis dans au sein d'une administration. Elle a pu faire valoir cette expérience bénévole en mettant en avant les différents environnements dans lesquels elle a travaillés, et a ainsi montré sa capacité d'adaptation et son bon relationnel

En conclusion de ce chapitre consacré à la cible des jeunes, on voit ce processus itératif entre plusieurs thématiques :

- les jeunes sont naturellement solidaires et s'engagent assez facilement, sous réserve que les associations les acceptent et identifient bien « les leviers de la pédagogie de l'engagement » ;
- plus ils ont été stigmatisés par leur environnement (leur quartier, leurs enseignants, les filières d'orientation et d'enseignement, …), plus ils accentuent ces processus par de l'auto-stigmatisation ;
- la valorisation de ce qu'ils ont fait est le point de départ incontournable pour sortir de ce cercle vicieux ; leur faire confiance et **leur redonner confiance ;**
- le Passeport Bénévole® et **sa remise solennelle** constituent des moments clés de cette valorisation ;
- puis, lors d'un entretien d'embauche, c'est la preuve qu'on peut avoir de l'expérience…sans expérience professionnelle, voire sans diplôme.

VII.   Une utilisation pour contribuer à un retour à l'emploi

France Bénévolat s'est beaucoup mobilisée sur ce thème :

-    d'abord, par sa pratique au quotidien, puisque le Réseau reçoit environ 22% de demandeurs d'emploi comme bénévoles potentiels (environ 5 000 personnes par an) ;
-    ce thème a fait l'objet d'une réflexion interne importante dès 2006 (avec des Centres pilotes, tels que Lille ou Nantes/Atlantique) ;
-    il a fait l'objet d'une étude plus approfondie entre Solidarités Nouvelles face au Chômage (SNC) et France Bénévolat sur 2007 et 2008 (cf. présentation du 11 Mars 2008 - étude et résumé disponibles sur www.francebenevolat.org).

Le cercle vertueux de l'activité bénévole

Une phase de resocialisation est souvent indispensable pour une personne restée longtemps exclue du monde du travail. L'implication dans une activité socialement utile, facteur de reconstruction identitaire, et la participation à un réseau relationnel permettent aux personnes au chômage de sortir de la seule activité de recherche d'emploi. Les exemples de sortie de l'isolement par ce biais sont nombreux. Outil de redynamisation sociale, l'implication dans une association permet en outre de clarifier ses compétences et son projet…

Pourtant, en dépit d'un cadre légal qui l'autorise et des exemples positifs en termes de réinsertion, le bénévolat des demandeurs d'emploi n'en reste pas moins plutôt mal vu par beaucoup d'acteurs institutionnels ; l'idée que « cela distrait » de la véritable activité de rechercher du travail et recule le moment de retrouver du travail reste très prégnante.

Des réticences associatives à dépasser

Les associations, comme les entreprises, cherchent des compétences, parce qu'elles ont des services à rendre et des missions à remplir, surtout si celles-ci se situent, en droit (délégation de service public) ou en fait, sur la mise en œuvre de politiques publiques, nationales ou locales. Ainsi, sauf si elles se situent sur le champ propre de la réinsertion, elles sont souvent réticentes ou mal structurées pour intégrer des personnes qu'elles peuvent percevoir comme « peu sûres ». Dépression, perte d'autonomie, implication marginale ou peu durable…, sont autant de facteurs qui demandent des accompagnements et des missions spécifiques. Et que faire après le départ, pour cause de retour –heureux- vers l'emploi) d'un bénévole investi corps et âme dans l'association et qui a développé de nouvelles activités ?

Une autre importante réserve des associations est qu'elles soient progressivement instrumentalisées par le Service Public de l'Emploi, en quelque sorte que le bénévolat devienne une « solution » (au même titre que la formation…parfois « parking »). Il s'agit bien sûr de mettre en place, de façon partenariale, des co-construction..

Les associations se retrouvent ainsi dans une forme d'ambivalence contradictoire : à la fois **sous contraintes d'objectifs**, donc sélectives quant à leurs ressources, et lieu privilégié d'insertion et d'inclusions sociales.

Les associations doivent donc mener une réelle réflexion en interne pour identifier les activités qui pourraient relever de contrats aidés et celles qui doivent ou qui ne peuvent relever que de missions bénévoles.

Intégrer ces bénévoles à l'association peut être l'occasion d'apporter de nouvelles compétences, un certain dynamisme et du « temps de bénévolat » supplémentaire.

Pour mémoire, une activité autorisée sous certaines conditions

La compatibilité d'une activité bénévole avec le chômage est autorisée depuis la loi du 29 juillet 1998 relative à la lutte contre les exclusions qui a clairement affirmé que « tout demandeur d'emploi peut exercer une activité bénévole ».

Cette possibilité est toutefois subordonnée à trois conditions :
- cette activité ne peut s'exercer chez le précédent employeur ;
- elle ne peut se substituer à un poste salarié ;
- elle doit rester compatible avec l'obligation de recherche d'un emploi.

Elle est relayée, pour le régime d'assurance chômage, par une circulaire Unedic du 22 novembre 2001.

Par ailleurs, les travailleurs involontairement privés d'emploi et recevant une prestation de chômage peuvent effectuer des tâches d'intérêt général (TIG). Ces tâches sont organisées par une collectivité publique ou un organisme privé à but non lucratif et doivent faire l'objet d'un agrément du préfet (articles L.351-23, R.351-39 et R.351-40 du code du travail). À l'indemnisation au titre du chômage peut s'ajouter une rémunération directement versée par l'organisme employeur. Les TIG peuvent être effectués pendant une période maximum de 6 mois et ne peuvent excéder 50 heures par mois si les tâches donnent lieu à rémunération,* et 80 heures dans le cas contraire.

Les convictions de France Bénévolat

1) En aucun cas, le bénévolat ne doit être considéré comme une alternative à la pénurie d'emplois, une sorte « de faute de mieux ». Le bénévolat, en particulier le bénévolat associatif, doit garder sa finalité propre : engagement libre, dans une démarche individuelle au service des autres, de la solidarité et du développement du lien social. Toutefois, le bénévolat a une caractéristique commune avec celle de l'activité rémunérée : celle d'être un moyen de socialisation, de construction identitaire, de reconnaissance et de développement de compétences. Parfois même, les conditions et l'environnement du travail sont telles que le travail perd (ou n'a pas) son Sens.

C'est l'activité bénévole qui donne ce Sens, laissant au travail une pure fonction instrumentale et alimentaire.

2) Le passage par une activité bénévole, pour un demandeur d'emploi, doit être considéré comme un moment dans un parcours, pas comme « une solution » au sens habituel des statistiques du chômage. C'est au travers d'une analyse fine – **donc compliquée** - de la situation d'un demandeur d'emploi, que ce passage peut être jugé comme positif, alternativement ou complémentairement à d'autres voies plus classiques (bilan approfondi, formation, emploi aidé…). Cette décision devrait, dans l'absolu, être une décision concertée entre le Conseiller professionnel de Pôle Emploi ou de la Mission Locale, la structure d'intermédiation (Centre ou Antenne de France Bénévolat quand ils existent), l'association d'accueil, et bien sûr et tout premier lieu, le demandeur d'emploi.

3) Qui dit « décision concertée », dit contractualisation, au moins informelle.
Quelle mission pour quels résultats :
-    pour l'association en tant que telle, afin de donner à cette mission un caractère classique : l'association a besoin du bénévole et ne le prend parce qu'il est demandeur d'emploi ; il est essentiel, d'entrée de jeu, de ne pas donner le sentiment d'une activité occupationnelle et de considérer le bénévole comme un autre,
-    pour le demandeur d'emploi : qu'est-ce qui l'intéresse et le motive ?
-    quelle compréhension de la mission au sein du Projet associatif ? quel accompagnement ? quelle intégration dans l'équipe ? quels points fixes ?
-    quelle évaluation finale ? quelle certification interne ?

4) Plus globalement, nous estimons que les effets de telles missions bénévoles peuvent être multiples, de façon cumulative ou alternative :
-    bien sûr le sentiment de servir à quelque chose, de faire quelque chose, avec tous les effets induits : reprise de confiance en soi, reconstruction identitaire,…
-    réinscrtion dans un cadre organisationnel avec les contraintes d'horaires, de règles collectives à respecter et de résultats qui s'imposent,
-    relation avec un type d'activité qui va aider à des choix d'orientation,

-   réapprentissage d'un fonctionnement en équipe et dans un collectif de travail,
-   constitution de réseau de soutien et/ou de contacts,
-   développement de compétences, plus simplement découverte ou redécouverte de compétences existantes mais oubliées par l'effet stigmatisant du chômage

Pour France Bénévolat, « une doctrine d'usage » essentielle

On peut donc légitimement élaborer une « doctrine d'usage » qui fasse consensus au sein du Monde associatif et que nous proposons à nos associations adhérentes ou partenaires.

Nos principes d'action :

1)   Accueillir les demandeurs d'emplois comme les autres bénévoles, mais avec encore plus d'attention :
Nous avons décidé, même dans les Centres importants, de ne pas créer d'accueil spécialisé pour les demandeurs d'emploi. Ce serait en effet les stigmatiser d'entrée de jeu alors que nous devons les considérer comme des bénévoles potentiels comme les autres, **même si on sait qu'un certain nombre de ces personnes n'iront pas faire du bénévolat, au moins à court terme.**

La qualité de l'accueil est une valeur forte du Réseau France Bénévolat. C'est encore plus important pour les personnes fragiles et un certain nombre de demandeurs d'emploi peuvent être considérés comme tel, notamment parce qu'ils ont sans doute encore plus besoin d'écoute que d'autres.

Donc :

-   prendre le temps qu'il faut, quand c'est nécessaire, parfois plus d'une heure,
-   être dans une posture de bienveillance,
-   essayer de savoir quel est leur désir réel de faire du bénévolat, en particulier si la personne a déjà eu des engagements associatifs ou si son désir « de faire quelque chose » est lié à sa situation de demandeur d'emploi,
-   ne pas hésiter à la revoir une seconde fois, si les projets ont besoin de temps pour être clarifié et mûrir.

2)   Être très attentifs aux associations sollicitées et aux missions proposées :
Les propositions de missions et d'associations doivent être pesées avec soin, en fonction en particulier de la fragilité de la personne. **En aucun cas, la mission bénévole ne peut être un échec de plus !**

Pour la mission :

- comme pour bénévole potentiel classique, bien sûr s'assurer de nos critères habituels : intérêt/motivation pour le Projet associatif et le champ concerné et disponibilité,
- mission en relation avec le projet professionnel ou non,
- risque d'enfermement dans le bénévolat,
- mission vraiment utile (surtout pas d'occupationnel !)

Pour l'association :

- qualité de l'accueil et de l'intégration,
- prise en compte, sans paternalisme, de la situation de la personne,
- mise en place, si nécessaire, d'un tutorat formalisé, au moins d'un parrainage, (en particulier faire attention au choix du parrain ou du tuteur)
- engagement de points d'étape,
- prise en compte du risque de départ rapide pour cause d'embauche (en particulier par l'intégration dans un travail collectif, au moins en duo)

3) Savoir utiliser les structures d'insertion ou d'accompagnement quand l'hypothèse d'une mission bénévole en direct est peu réaliste

Bonne connaissance des réseaux d'appuis aux demandeurs : en préalable (notamment pour les personnes les plus en risque d'exclusion, même si cela n'est pas forcément une obligation) ou en parallèle à une mission bénévole : Solidarités Nouvelles face au Chômage, Maisons de Chômeurs, AVARAP, associations d'insertion sociale ou par l'économique…

4) Assurer un suivi rigoureux :
Globalement, France Bénévolat n'a pas les moyens d'assurer un suivi systématique de toutes les associations partenaires, ni de tous les bénévoles envoyés sur des missions bénévoles. Essayer de le faire au moins à l'égard de ces personnes et de ces missions (voir enquête téléphonique faite systématiquement par France Bénévolat Lille).

5) Ne pas se laisser instrumentaliser, ni par le Service Public de l'Emploi, ni par les Collectivités Territoriales, ni par les intervenants sociaux, mais développer de vrais partenariats :

En aucun cas, le bénévolat ne peut pas être prescrit. Il n'est pas non plus « LA SOLUTION » pour un demandeur d'emploi, mais dans des conditions précises, une contribution positive.

A titre d'exemple, il n'est pas acceptable de recevoir un malade déprimé auquel son médecin a dit de faire du bénévolat sans aucun contact préalable avec le Centre France Bénévolat. Par contre, on est dans un partenariat positif quand un référent de Pôle Emploi, un travailleur social ou un médecin appellent le Centre France Bénévolat sur le registre : « *J'ai Monsieur X en face de moi, nous venons de réfléchir ensemble ; nous pensons que ce serait bien qu'il s'engage dans le bénévolat. Je vous demande de le rencontrer. Ensuite on peut discuter à trois sur les pistes que vous pourrez lui proposer… »*

6) Inciter les associations à identifier, reconnaître et valoriser l'expérience acquise :

Ce sont à ces situations aux lesquelles France Bénévolat a pensé en priorité en créant et en lançant le Passeport Bénévole®.

Il convient de s'assurer que les associations les plus ouvertes à l'accueil et à l'intégration de bénévoles demandeurs d'emploi ont bien compris l'objectif et le fonctionnement du dispositif et l'utilisent **au moins** pour ces populations.

Cette démarche vaut pour toutes les missions bénévoles, même quand elles n'ont pas un objectif « professionnalisant » pour le demandeur d'emploi. Toute mission est qualifiante, même si le bénévole n'a pas le sentiment de développer ou d'entretenir des compétences. C'est bien à l'association par une posture de reconnaissance et de valorisation, de mettre en valeur la qualité de cette expérience.

En conclusion du chapitre sur cette cible :

- les demandeurs d'emploi qui font déjà ou souhaitent faire du bénévolat relèvent de deux catégories : ceux qui ont conscience de leurs compétences et qui veulent les « entretenir » pendant leur chômage, voire les faire progresser ; ceux que le chômage et les accidents de la vie ont fortement cassé. La distinction entre ces deux catégories n'est pas nécessairement aisée et les postures à avoir à leur égard pas tout à fait identiques ;
- comme pour les jeunes, la reconnaissance, et tout particulièrement la reconnaissance des compétences, est évidemment essentielle ;
- Le Passeport Bénévole® est un outil, pas la panacée ;
- le bénévolat peut constituer un facteur déterminant du retour à l'emploi, mais ce n'est pas automatique et il ne constitue pas, à lui seul, « la Solution ».

VIII. Une utilisation pour valoriser l'engagement des salariés dans le cadre de politiques de « Responsabilité sociétale d'entreprises ».

Un contexte historique et une implication des entreprises françaises relativement récente

Il est clair que l'implication des entreprises françaises dans l'appui aux associations ne fait pas partie des mêmes traditions que dans les pays anglo-saxons, sauf à remonter à certaines actions du XIX° siècle (en particulier au sein du patronat chrétien du Nord).

Les raisons de cette spécificité ont deux origines :

- les deux cultures du capitalisme, très bien analysées dès le XIX° siècle par Max Weber et les rapports à l'argent : culture catholique et culture protestante ;

- la place tout à fait particulière de l'Etat ayant en quelque sorte le monopole de l'intérêt général, tant sur le dire que sur le faire.

Jusqu'aux années 1980, la position est claire chez les chefs d'entreprise: *« Nous payons des impôts, c'est à l'Etat de mettre en œuvre les actions d'intérêt général ! »*. Ce point de vue est d'ailleurs totalement partagé par les organisations syndicales et l'opinion publique française qui considèrent que l'intérêt général est de la responsabilité de l'Etat (« L'Etat Providence »). Si des salariés ont des engagements associatifs, ceux-ci relèvent strictement de la sphère privée. Il existe toutefois des exceptions à cette règle pour ce qui concerne la solidarité à l'égard des salariés ou de leurs proches : œuvres sociales, amicales, clubs sportifs…

Les premières restructurations industrielles des décennies 1975/1995 changent les perceptions : quelques grands patrons (Antoine Riboud pour BSN/Danone, Renaud Gillet et Jean Gandois, pour Rhône-Poulenc…) déclenchent une grande hostilité chez leurs pairs en estimant que non seulement les entreprises ont une responsabilité à l'égard de leurs salariés, mais également à l'égard des « bassins d'emploi.* D'un point de vue opérationnel, des dispositifs se mettent en place autour de ce qu'on appellera : « ré industrialisation », « datarisation des groupes industriels », « missions de reconversion »…

Des réseaux associatifs naissent ainsi au début des années 1980, le plus souvent avec des financements mixtes, à la fois privés et publics, et prioritairement centrés sur le développement économique local : Développement et Emploi, France Initiative Réseau, Boutiques de Gestion, Réseau Entreprendre…Certains chefs d'entreprises reprennent une expression initiée par le Centre des Jeunes Dirigeants d'Entreprises (CJD) : « *l'Entreprise*

Citoyenne ». Même si des salariés impliqués dans ces associations apportent leurs compétences dans le cadre de leur activité professionnelle, la frontière entre la sphère professionnelle et la sphère privée s'estompe car les salariés continuent à s'impliquer dans ces associations bien delà de la durée légale du travail ou après leur entrée en retraite.

On peut considérer qu'une nouvelle étape est franchie au début des années 1990, en raison de la grande progression du chômage, en niveau et en nature, en particulier du chômage des jeunes. Des grandes entreprises commencent à s'impliquer sur des champs plus larges que les seuls accompagnements de leurs salariés ou de leurs territoires, en particulier sur les différents champs de l'insertion : tutorat/parrainage de jeunes, insertion par l'économique, implication dans les Missions Locales, aides à toutes les formes d'accompagnement individuel.... Certaines suscitent la création d'associations ou de fondations propres : « Atout cœur » (AXA), Fondation EDF, Fondation SNCF pour la Solidarité… ; d'autres s'impliquent à l'égard d'associations externes et invitent leurs salariés à faire de même, considérant que c'est un moyen de retrouver une légitimité qui se dégrade - compte tenu de la progression brutale du chômage, un retour à des stratégies à court terme et du début de ce qui a été dénoncé par Jean Gandois Président du CNPF…la financiarisation des entreprises - et un moyen de cohésion interne : Lafarge, Schneider, Air France…Les jeunes au chômage, qualifiés ou non, sont souvent la cible prioritaire. Parallèlement, le développement des « associations d'insertion par l'économique » (« EI » ou « AI ») amorcent des coopérations, au moins ponctuelles, entre entreprises et associations.

Parallèlement à ce mouvement issu des processus de mutations industrielles, un autre mouvement, très bien analysé par Charles-Benoit Heidsieck (Le Rameau), se développe à partir du mécénat. Charles Benoit Heidsieck considère que 1969 fut la « naissance » du mécénat moderne en France avec la création de l'ADMICAL impulsé par Jacques RIGAUD. Focalisée sur le domaine culturel, la promotion du mécénat démarra lentement aux côtés du sponsoring qui avait déjà largement fait son entrée dans l'entreprise avec le sport (c'était le temps du « management » où les valeurs sportives étaient à l'honneur pour illustrer l'importance du projet collectif d'entreprise.

Il faut attendre début 1990 pour voir débuter une nouvelle phase de développement. C'est en 1991 les Premières Assises du Mécénat, mais surtout l'émergence du domaine de l'humanitaire sous l'impulsion d'un second dirigeant emblématique, Claude BEBEAR : c'est dès 1992, avec la création d'AXA Atout Cœur, qui lance le concept même de « **mécénat de compétences** ». Cette décennie (approximativement les années 1990) d'expérimentations intenses restent toutefois entachée d'une grande prévention, du fait d'une forme d'instrumentalisation des démarches par les Directions de la

Communication. Devant la nécessité de compenser une perte de légitimité des entreprises en raison des plans sociaux, les « Dir Coms en font trop »... Les effets d'annonce et l'absence d'évaluation entrainent un grand scepticisme, d'autant plus que des mouvements patronaux, tels que l'Institut du Mécénat Humanitaire, refuse toute implication des représentants du personnel, estimant qu'une Entreprise se limite à la Direction. Il s'agit d'une approche très individuelle, très philanthropique, de l'implication (pour reprendre les comparaisons historiques et les métaphores : « Les Médicis et les indulgences » !). Du coup, la belle expression « Entreprise Citoyenne » perd sa crédibilité et est remplacée par « *Entreprise socialement responsable* ». Au sein de ces démarches, les relations entre les associations et les entreprises restent globalement marquées par une méfiance réciproque, voire une franche hostilité. D'ailleurs, l'idée même d'utiliser les associations comme vecteurs d'actions d'intérêt général ne va pas de soi.

A la fin des années 1990, sous l'impulsion de la DIES (Délégation Interministérielle à l'Economie Sociale), Développement ct Emploi lance un programme d'études et d'expérimentations intitulé « Liens entreprises / associations » (LEA®), des analyses partagées entre des entreprises et des responsables associatifs sont menées et font consensus. Plusieurs publications et colloques se mettent en place, dont un colloque de grande qualité porté par le Conseil Economique et Social à l'occasion des manifestations de l'anniversaire de la loi de 1901. Il ressort en particulier de ces travaux que:

- il y a trois stades dans les relations entreprises /associations : le mépris réciproque, l'instrumentalisation réciproque et le partenariat véritable ;

- le temps des entreprises et le temps des associations sont tout à fait différents : l'association est sur du « temps long », en termes de finalités, mais en temps « très court » sur les actions ; l'Entreprise est plutôt sur « du temps court ». Les partenariats ne peuvent réussir sur des visions à moyen terme d'intérêts communs bien compris, donc aussi sur de l'évaluation d'impact à moyen terme ;

- le partenariat exige la connaissance de l'Autre et la reconnaissance respectueuse de la différence de l'Autre ;

- les deux partenaires ont à apprendre l'un de l'autre, en particulier sur la capacité à produire des compétences spécifiques.

Les acteurs impliqués dans cette étape sous estiment le temps nécessaire à cet apprivoisement mais repèrent que des dynamiques collectives sont en marche, en particulier, en raison d'une de l'internationalisation des grandes entreprises et de l'influence des modèles étrangers, en particulier anglo-saxons , où ceci va de soi, et celle des politiques en faveur de « la Responsabilité Sociale de l'Entreprise » , avec l' impulsion législative de la loi NRE de 2001.

On peut considérer que cette longue période, d'une vingtaine d'années, de réflexions et d'expérimentations très marquées par le contexte français de restructurations industrielles et d'une nouvelle approche du mécénat, se termine vers 2001. Une autre étape se met en place ensuite.

Toutefois, il faut bien rappeler que le débat sur la place et le rôle de l'Entreprise est aussi ancien que le capitalisme. Sans qu'on utilise ces termes, dès le XIX° siècle, il existe deux conceptions de l'Entreprise : une conception « stakeholders » où toutes les parties prenantes sont concernées (actionnaires, salariés, clients, citoyens) et une conception « shareholders », où l'Entreprise est la seule affaire des actionnaires.

Deux formes d'implication :

Au début des années 2000, plusieurs phénomènes accélèrent l'implication des entreprises françaises dans des actions d'intérêt général, et par voie de conséquence leurs relations avec le Monde associatif :

- l'internationalisation des grands groupes et l'influence des modèles étrangers (modèle rhénan et modèle anglo-saxon), largement évoquées ci-dessus ;

- le développement des fondations d'entreprises, fréquent support de cette implication externe, là aussi à partir des modèles étrangers (USA, Allemagne) ;

- la loi du 1 Août 2003, dite « Loi Alliagon », sur le mécénat, autorisant de larges possibilités de déductions fiscales pour les actions de mécénat, non seulement le mécénat de nature financière à l'égard de l'art et de la culture, mais également le « mécénat de compétences », c'est-à-dire la mise à disposition de salariés pour des actions d'intérêt général.

C'est à partir de cette loi que sont distinguées deux formes d'implication des salariés dans ces actions :

- « le mécénat de compétences » où le temps d'implication est pris sur le temps de travail et où, en théorie, l'entreprise peut déduire les coûts correspondants de ses bénéfices, même si dans la pratique beaucoup d'entreprises ne le font pas en raison d'une méconnaissance de la loi et surtout en raison de la nécessité de mise en place des dispositifs comptables « ad hoc » ;

-	« le bénévolat de compétences », par distinction de la forme précédente, même si l'expression n'est pas totalement satisfaisante, où l'implication des salariés se fait sur l'impulsion de leur employeur mais hors temps de travail (Pour mémoire, n'est pas pris en compte dans cette analyse, l'engagement associatif des salariés dans leur sphère strictement privée, qui constitue de très loin la forme la plus importante de l'engagement des salariés).

Une étude lourde est menée en 2005/2006 par Volonteer (Octavie Baculard) avec l'appui de France Bénévolat. Elle révèle à la fois :

-	une accélération importante du phénomène d'implication des entreprises et du nombre d'entreprises impliquées dans des actions d'intérêt général,

-	une ouverture plus grande des entreprises à l'égard des associations, voire une recherche ciblée d'associations, dont les activités répondent aux champs d'actions visés par les politiques d'entreprises et dont les missions correspondent aux disponibilités et aux compétences des salariés ;

-	même si « le bénévolat de compétences » est privilégié (en raison du phénomène «35 heures » qui a fortement restreint les marges de manœuvre des entreprises), une sorte de catalyse par le truchement du « mécénat de compétences », avec des salariés impliqués sous les deux formes (exemples tels que SFR ou ALGOE où les salariés ont un quota de temps pris sur leur temps de travail mais s'impliquent très au-delà de ce quota) ;

-	des organisations syndicales, au moins au sommet, beaucoup plus ouvertes à ces démarches sous réserve de transparence.

On peut faire l'hypothèse de réactions paradoxales :

1)	A court terme, et au moins dans les entreprises où cette implication externe n'était qu'un effet de communication, du style « vernis pour colmater la façade lézardée », il y a un risque évident de recul. Les budgets sont rarement sanctuarisés, sauf quand ces actions passent par des fondations, des structures aux budgets un peu plus stables. Ce recul va poser des difficultés supplémentaires aux associations, dont une partie des moyens et des actions reposent sur ces partenariats.

2)	A moyen terme, il est probable que le « Monde des entreprises » sera différent, ou du moins on peut l'espérer, et qu'enfin l'approche « stakeholders » va s'imposer.

La crise n'est pas économique, même si les conséquences actuelles en sont économiques et sociales. La crise est d'origine financière et morale : c'est la perversion de l'approche « shareholders » (la création de « valeur » virtuelle pour le seul actionnaire !), poussée au paroxysme qui est à l'origine de cette situation. La recherche de Sens est au cœur de notre Société ; dès le milieu du XX° siècle des philosophes aussi différents qu'Emmanuel Mounier ou André Malraux l'avait annoncée comme incontournable.

Cette profonde remise en cause ne peut que favoriser le rapprochement entre ces deux partenaires, dans le respect de leur spécificité et de leur différence. Les salariés y trouveront leur compte car ce rapprochement leur permettra de trouver, au moins partiellement, réponse à leur recherche de Sens !

Dans ce contexte d'évolution, globalement positif, les entreprises s'intéressent aux compétences expérientielles acquises par les salariés dans leur engagement associatif

France Bénévolat, à partir de ses pratiques de terrain, identifie clairement plusieurs « grandes occasions » où de plus en plus d'entreprises s'intéressent aux compétences expérientielles acquises par de futurs salariés ou leurs salariés actuels (Dans ce cas, le Passeport Bénévole® constitue un élément de preuves) :

1) Dans les critères de recrutement

Le diplôme continue à tenir une place prépondérante dans les critères de recrutement français (malgré un discours convenu contraire), car le diplôme continue à être considéré au moins comme une forme de garantie. Les entreprises, toutefois et de plus en plus, **à diplôme équivalent vont donner la priorité à des candidats qui démontrent qu'ils ont fait autre chose que de passer des examens.** . Le Passeport Bénévole®, mentionné et présenté lors d'entretiens d'embauche, constitue un élément important de preuves de compétences, au moins de « savoir être ».Evidemment, le bénévolat n'est plus une petite mention citées dans les « hobbies » en fin de CV.

Nous avons même repéré des cas où des jeunes non diplômés ont été embauchés sur la seule présentation du Passeport Bénévole®.

2) Dans les démarches de VAE

La VAE, introduite par une loi qui a maintenant 15 ans, se développe lentement, car, comme mentionné ci-dessus, il s'agit d'une vraie révolution, tant dans le monde académique que au sein des politiques « Ressources humaines » des entreprises.

Toutefois, cette démarche progresse en tant que telle. Il y a encore du chemin à faire pour que les candidats à la VAE pensent à mentionner leurs parcours bénévoles dans leurs dossiers de VAE et pour que les jurys acceptent de considérer qu'il s'agit de vraies compétences (…ce qui n'est que la loi, et notre expression de « compétences expérientielles » s'y réfère explicitement).

3) Comme outil de valorisation des salariés engagés

Comme indiqué ci-dessus, beaucoup d'entreprises favorisent l'engagement associatif de leurs salariés, soit au travers du « mécénat de compétences », soit au « travers du bénévolat de compétences ». France Bénévolat, qui met en place des démarches et des outils pour aider les entreprises à développer des processus, vise à ce que ces entreprises introduisent la remise du Passeport Bénévole® dans ces processus.

Témoignage d'Hélène

Hélène a fini le lycée sans obtenir le bac. Après son mariage et la naissance de ses enfants, elle a souhaité continuer à avoir un emploi même à temps partiel et peu qualifié, mais qui lui permettait de ne pas perdre contact avec la vie professionnelle. Très active, elle a pris en parallèle des activités bénévoles régulières : d'abord présidente de l'Office du Tourisme de son village, elle a également par la suite intégré l'équipe de l'association gérant l'école privée de ses enfants, dans laquelle elle est devenue secrétaire puis vice-présidente. Sa détermination à décrocher un emploi plus en rapport avec ses capacités lui a permis d'être embauchée par une grande banque, dans une agence, en s'engageant auprès de son employeur à obtenir un diplôme de niveau BAC+2. Elle a donc initié une VAE début 2006, et pris contact avec le Centre Interinstitutionnel de Bilans de Compétences qui lui a conseillé de valoriser toutes ses expériences y compris bénévoles. « J'ai eu beaucoup de mal à trouver un accompagnement pour ma VAE, que j'ai finalement décidé de passer toute seule. J'aime que les choses avancent, et dans les dispositifs d'accompagnement, les temps d'attente sont très longs. »

« J'ai choisi le BTS d'assistante de direction, qui était le plus proche de mes expériences associatives. En même temps, ces expériences de présidente et de secrétaire d'association, notamment en gestion des ressources humaines, me mettaient en capacité de compléter mon dossier par moi-même, et de trouver la manière de décrire mes compétences et d'en produire une attestation. J'ai déposé mon dossier en août 2006, et je suis passé devant le jury en février 2007. Il a été très peu intéressé par ce que j'ai présenté. J'ai tout de même obtenu 4 unités sur 6. Je me suis représentée un an plus tard pour obtenir les 2 unités manquantes. Le second jury s'est montré lui très intéressé par mes expériences ; en sortant, je me suis dit « mon bénévolat m'aura

vraiment servi à quelque chose ». De fait, j'ai eu mon diplôme, ce qui m'a permis de confirmer ma position à la banque. Je m'étais engagée à obtenir mon BAC +2, c'était chose faite.» Au départ, Hélène ne connaissait pas la validation de l'expérience bénévole, et au début de sa démarche en 2006, le Passeport Bénévole n'existait pas. « J'ai découvert le Passeport Bénévole à la fin de mes démarches VAE. Je trouve que c'est une très bonne initiative. J'ai moi-même beaucoup galéré lors de ma VAE, je trouve très bien que des actions permettent de simplifier la VAE et de faire connaître la possibilité pour les bénévoles de faire valider leur expérience. Aujourd'hui, je parle du Passeport Bénévole autour de moi, et je suis contente qu'on en parle de plus en plus ».

En conclusion de ce chapitre sur cette cible :

-    les salariés engagés dans le bénévolat (ils sont nombreux et souvent depuis longtemps) peuvent bien viser à identifier et à valoriser leurs compétences dans les procédures de VAE qu'ils engagent ;

-    s'ils sont salariés dans une entreprise « ouverte » sur son environnement, ils peuvent mentionner cet engagement lors de leurs entretiens annuels ou de carrière (même si cet engagement relève de la sphère privée), et ainsi présenter les compétences acquises. Le Passeport Bénévole® est un « plus » ;

-    pour les entreprises qui favorisent l'engagement associatif (par le « mécénat de compétences » ou le « bénévolat de compétences »), ce sont à elles d'être proactives sur le sujet et à proposer le Passeport Bénévole® à leurs salariés. Le plus souvent, au moins dans les grandes entreprises, ceci suppose des liens plus étroits, horizontaux, entre les Responsables de la RSE- responsabilité sociétale d'entreprises- le plus souvent incarnés par une Fondation d'entreprise (mais pas toujours) et les Directions de Ressources Humaines..

Quelques mots de conclusion

Nous nous sommes efforcés dans cet ouvrage de décrire le contexte, spécifiquement français, dans lequel est né, puis s'est développé cet outil, Le Passeport Bénévole®. Il ne s'agit en effet que d'un outil au service de démarches.

Il est à la disposition de toutes les personnes engagées dans le bénévolat associatif (mais par extension, également les volontaires), en priorité les trois cibles que nous avons particulièrement mis en exergue : les jeunes, les demandeurs d'emploi et les salariés.

Il vise trois finalités complémentaires :

-	la reconnaissance de l'engagement en tant que telle, dans et par les associations,
-	l'identification et la valorisation des compétences expérientielles ainsi acquises au cours de ces engagements,
-	une introduction aux processus plus formalisés de validation.

Ces démarches, par nature volontaristes, peuvent concerner presque tous les acteurs :

-	bien sûr les responsables associatifs qui veulent améliorer leurs pratiques de gestion des ressources humaines bénévoles ;
-	les élus territoriaux qui veulent valoriser l'engagement des citoyens dans leur territoire ;
-	les enseignants qui veulent encourager l'engagement des élèves et étudiants, dans des objectifs pédagogiques, éducatifs et citoyens ;
-	les agents du Service Public de l'Emploi (Pôle Emploi, AFPA, Missions Locales) qui veulent aider les jeunes et demandeurs d'emploi par le repérage de leurs compétences expérientielles ;
-	les recruteurs et employeurs qui veulent élargir leurs critères de décision de recrutement ;
-	les membres de jury de VAE…qui veulent appliquer réellement la loi de 2002 ;
-	les Responsables d'entreprises qui, dans le cadre de la RSE, veulent favoriser l'engagement des salariés.

Annexe 1

Une brève présentation de France Bénévolat (voir **www.francebenevolat.org**)

France Bénévolat, réseau national d'accueil et d'orientation des bénévoles, créée en 2003 et Reconnue d'Utilité Publique en 2010, a pour vocation « **la promotion de l'engagement bénévole associatif au service d'une citoyenneté active ».** Depuis 2010, France Bénévolat est agrée par le Ministère de l'Education Nationale comme *« association complémentaire de l'enseignement public »*, donc dans la tradition de l'Education Populaire.

Cette vocation se traduit au sein de trois missions principales :

- assurer la promotion du bénévolat associatif et le valoriser, dont la promotion de l'engagement bénévole des jeunes et des seniors ;
- développer une fonction d'intermédiation active entre toute personne qui cherche à s'engager dans le bénévolat associatif et toute association manifestant son besoin de trouver des compétences bénévoles ;
- recommander aux associations adhérentes et partenaires une amélioration de la gestion de leurs ressources humaines bénévoles, dont la reconnaissance des compétences expérientielles acquises dans le bénévolat associatif via le Passeport Bénévole®.

Pour renforcer ces trois missions, France Bénévolat développe **des programmes « dits transversaux » sur des grands problèmes sociétaux,** plus particulièrement, depuis 2009, sur le thème de *« La solidarité intergénérationnelle dans et par les associations »*, puis depuis 2013 sur : *« La réussite éducative des jeunes »*, *« La place des personnes en situation de handicap dans le bénévolat »*, *« La place des associations dans l'éducation à l'environnement et au développement durable»*, *« La coopération et la coordination inter associative pour l'accueil et l'intégration des réfugiés ».*

Pour mener à bien ses actions, France Bénévolat a développé un savoir-faire « d'ensemblier territorial », car, **tant ces missions principales que ces programmes transversaux ont toujours une forte dimension territoriale, au sein des « bassins de vie ».**

Quelques chiffres indicatifs :
- 80 grands Réseaux Associatifs et 7 000 associations locales adhérentes de France Bénévolat (représentant de l'ordre de 1 000 000 de bénévoles) ;

-	Implantation France entière (250 Centres départementaux, d'Antennes de proximité ou de partenaires locaux de promotion du bénévolat) ;
-	1 000 bénévoles très formés au sein du Réseau France Bénévolat (avec formateurs agréés internes) ;
-	Conseil individuel/ orientation approfondie de plus de 20 000 personnes par an ;
-	Information plus sommaire et rencontre de 30 000 à 40 000 personnes par an ;
-	500 000 consultations annuelles, avec des milliers de missions en ligne, de www.francebenevolat.org (non compris les consultations de www.solidages21.org , de www.passeport-benevole.org et de 35 sites locaux).

Quelques slogans favoris qui traduisent nos Valeurs
-	*On manage des salariés, mais on anime des bénévoles !*
-	*On recrute des salariés, mais on aide les bénévoles à s'engager !*
-	*Le droit au bénévolat pour tous !*
-	*La réussite éducative des jeunes, tout le monde s'y colle !*
-	*Préférer le « faire avec et par » que le « faire pour » !*

Annexe 2

Bibliographie et « sitographie »

Les sites mentionnant le plus souvent la notion de compétences expérientielles ou visant à la co-construction entre acteurs :

- www.francebenevolat.org (Voir en particulier onglet « Documentation » avec les études thématiques)
- www.passeport-benevole.org
- www.passerellesetcompétences.org
- www.lerameau.fr
- www.vae.gouv.fr
- www.associations.gouv.fr

Une bibliographie sélectionnée sur le thème :

- « *Les bénévoles et l'association* » Dominique Thierry Editions Territorial (3e éd. 2017)
- Rapport du Sénateur Bernard Murat sur « *le bénévolat associatif* » (Rapport n°16 de la session 2005-2006)
- Thèse de Claire Margaria (Université Paris V Descartes) « *La prise en compte des compétences expérientielles dans les critères d'embauche des jeunes cadres* »
- « *Le bénévolat de compétences, une nouvelle forme de mécénat* » Octavie Baculard (Volonteer), étude pour le compte de France Bénévolat- 2006
- Rapport interministériel sur « *l'engagement associatif des actifs* » (Ministère en charge de la Vie Associative – Le RAMEAU, 2014
- « *Le portefeuille de compétences associatives* » – Ministère de la Vie Associative novembre 2013

Sommaire

9 789975 154239